心がスッと軽くなる禅の暮らし方

を「力」に変える

曹洞宗徳雄山建功寺住職
枡野俊明

光文社

はじめに

コロナ禍《か》一色だった年が明け、二〇二一年の春からはワクチンの接種も始まりました。終息に向けて舵《かじ》が切られた印象があるとはいえ、まだまだ、それもようやく端緒についたばかりというのが実情です。

この間、わたしにはコロナ禍を切実に噛《か》みしめなければならない「できごと」がありました。三人の知人が新型コロナウイルスの感染で亡くなったのです。いずれも高齢の方ですが、そのうちの一人は外出も控え、日常の暮らしのなかでも、十分な注意をしていた方でした。

その方は、自粛生活の唯一といってもいい楽しみとして、定期的に古くからの友人と一時間程度お茶を飲み、おしゃべりをする時間をもっていました。そこで感染したのです。亡くなったのは感染がわかってわずか一週間後のことでした。

家族はもちろん、友人や知人など親しい人に感染者がいないと、コロナ禍がどこか遠い世界のこと、他人事《ひとごと》であるかのような感覚があるかもしれません。しかし、それは間違いです。誰もがいつ、どこで、それも突然に、感染するかもしれない。それが、ウイルスというものの得体《えたい》の知れなさなのです。

手洗いやうがい、マスクの着用など、すでに暮らしに取り入れている感染しないための対策、また、万一感染者になってしまった場合に、人に感染させないための対策を怠らないでください。

それと同時に情報の扱い方にも注意する必要があると思います。世の中が不安な状況にあるときは、さまざまな情報が錯綜《さくそう》します。いまはSNS（ソーシャル・ネットワーキング・サービス）が広く普及していることもあって、誰でも容易に情報を発信することができます。

情報が玉石混淆《ぎょくせきこんこう》なのは常ですが、とりわけ、いまは〝石（デマ、フェイクの類い）〟が乱れ飛んでいる気がするのです。

メディアではしばしば「自粛警察」という言葉が使われましたが、コロナ禍にからんで、根拠もなしに人を攻撃したり、中傷したりする情報も、少なくはありません。それらに振りまわされると、心が余裕をなくし、窮屈になります。その結果、不安が募り、心配事が増えるのは必定《ひつじょう》でしょう。

ここしばらくは情報の的確な取捨選択が不可欠な、日常的な課題になるでしょう。本書でもその方法について項目を設けています。

現在、時代は、世の中は、これまで経験しなかったほどの転換期にあります。誰もが仕事も、プライベートも、あるいは人間関係も、大きく、劇的に変化したことを実感しているはずです。

そのなかで感じる不安や迷い、抱える悩みや心配事は、これまでとは様相《ようそう》も中身も違うものと映っているのではないでしょうか。その〝未知感〟、わからなさが、不安や心配事を増幅しています。

そのような状況だからこそ、わたしにはこれまで以上に強く思うことがあります。禅《ぜん》の必要性がそれです。禅のものの見方、考え方、処し方、ふるまい方が、いまほど求められているときはない。わたしはそう確信しているのです。

こんな禅語があります。

「即今《そっこん》、当処《とうしょ》、自己《じこ》」

いま、このとき、自分がいるその場所で、やるべきことを精いっぱいやっていく。そのことがいちばん大切である、という意味です。これが禅の原点であり、鉄則でもあるといっていいと思います。

たとえば、心配事があるとき、みなさんはどうするでしょうか。その心配事が払拭《ふっしょく》できるように、それが解決に向かうように、いろいろなことを考えるのではないか、と思うのです。

しかし、考えれば考えるほど、心配事はふくらんでいき、心が閉塞《へいそく》状態になって、身動きができなくなるのではありませんか。心配事を思いのなかに閉じ込めてしまうと、そこから前に踏み出せなくなるのです。

禅の手法は違います。「禅即行動」という言葉があるように、とにかく動くこと、行動することが、（心配事がある）その状況から抜け出す最良の方法、もっといえば唯一の方法だと考えるのです。

動くということは、まさしく、いま、その場所（状況）で、やるべきことを精いっぱいやっていくということです。

そのために必要なのは、状況を正しく把握することでしょう。自分の足元をしっかり見据えるといってもいいかもしれません。そうすることで、やるべきことが見えてくるのです。

あとはそのやるべきことを、ひたすら、精いっぱいやっていくだけです。その先にいるのは、心配事から抜け出した自分、心配事を乗り越えた自分です。わたしは心配事は人生の課題であると考えています。

課題をクリアした自分が一皮むけた自分、成長した自分であることは、いうまでもないでしょう。いかがですか。そうした一連の流れのなかでは、心配事（課題）が、自分を成長させる「力」になっていると思いませんか。

「いま」「ここで」「精いっぱい（やる）」という禅の鉄則、流儀を、ぜひ、暮らし方の基本にしてください。本書にはそうするうえでのヒントを過不足なく盛り込んだつもりです。

さあ、心配事が力になる暮らし方を一つひとつ実践して、厳しい時代を乗り切って参りましょう。

合掌

二〇二一年三月吉日　徳雄山建功寺方丈にて

枡野俊明

心がスッと軽くなる禅の暮らし方　目次

第3章——暮らし方を整えて、軽々と過ごす。

第1章——不安を除き、煩悩を断ち切る。

不安なときこそ、足元を固める

↓禅が教える「脚下照顧」の生き方

二〇二〇年は世界が大きな衝撃にみまわれた年でした。いうまでもなく、新型コロナウイルスのパンデミックです。もちろん、日本もその大波に呑《の》み込まれました。そのなかで、世の中も、人びとも、変化を余儀なくされたのです。

ステイホーム、リモートワーク……といった言葉はその変化を象徴するものといっていいでしょう。それまでとは違う生活スタイル、仕事への取り組み方をしなければならなくなったことによる不安や心細さ、戸惑いや心配を、誰もが感じたといっても、けっして過言ではないでしょう。

深刻な経済的ダメージを負った業界や業種も続出しました。観光業界、航空業界、飲食業界などは、その最《さい》たるものといっていいかもしれません。休業や廃業、リストラや解雇といった状況に置かれた人も、少なからずいるのだと思います。

そこで、こんな思いにとらわれた人もいるでしょう。

「なんでこんなことになってしまったのだ。ほとんど収入が見込めないのが現状だし、先行きもまったく見えてこない。これでは手も足も出ないではないか。そんななかでいったいなにができるというのだ」

コロナ禍がどこにも責任の所在を問えない、いわば、〝自然災害〟であるということも、不安にいっそう拍車《はくしゃ》をかけているのでしょう。

政府や自治体による各種の給付金や「Ｇｏ Ｔｏ」キャンペーンが、一定の成果をあげていたとはいえ、終息の予測が立たないという現実の前では、不安から抜け出す道筋は見えてこないというのが実感かもしれません。

しかし、禅はこう教えます。

不安なときこそ、足元を固めなさい。

それを示す禅語がこれです。

「脚下照顧《きゃっかしょうこ》」

もともとの意味は、脱《ぬ》いだ履《は》きものをそろえなさい、ということですが、そこには自分がいま、立っている足元をしっかり見つめ、地歩《ちほ》を固めなさい、という意味合いが含まれています。

厳しい状況に置かれて、不安に押し潰《つぶ》されそうになったり、浮き足立ったりするのは仕方のないことかもしれません。しかし、いつまでもそうしていたのでは、事態が好転することはありませんし、そこから前に進むこともできないのです。たとえていえば、ぬかるみに足をとられた状態といっていいかもしれませんね。

それが**どれほど不安な状況であっても、目をそむけたりせずに、まず、それを見つめる。つまり、正面から受けとめること**です。受けとめたら、やるべきことが見えてきます。

そのやるべきことを脇目もふらず、歯を食いしばってでも、必死にやっていく。地歩を固めるとはそういうことでしょう。足元が固まったら、必ず、半歩でも、一歩でも、前に踏み出すことができます。

たとえば、飲食業のなかには、いたずらに嘆《なげ》くのではなく、正面からコロナ禍を受けとめて、いち早く業態をテイクアウト主体に切り替え、そのための新たなメニューを考案するなどして、なんとか凌《しの》いでいるお店が実際にあります。

着実に半歩、一歩を踏み出している好例といっていいでしょう。

手も足も出ない状況などないのです。できることはなにもないということもありません。やるべきこと、できることは、必ず、あります。足元を見つめ、固めたら、それが見えてきます。

コロナ禍がくれた大切なものに気づく

↓死を意識すると、生が輝いてくる

戦後最大の危機ともいわれるコロナ禍にあって、暗雲《あんうん》に覆《おお》われているような気持ちになっている人が少なくないかもしれません。しかし、どんなときにも光を見出していくのが禅です。

コロナ禍はとても大切なものをもたらしてくれている。わたしはそう考えています。死に対する意識がそれです。多くの人は、とりわけ、若い世代は、これまで死に無頓《むとん》着《ちゃく》だったのではないでしょうか。

当たり前のようにきょうを無事に過ごすことができ、当たり前のようにあすを迎え

ることができる。ずっとそんな日々がつづいていくという感覚をもっていたのではないか、と思うのです。少なくとも、死は遠いところにあり、身近に感じることはなかったはずです。

しかし、**コロナ禍によって、否応《いやおう》なく、死は身近なものになりました。**日本は伝統的な生活習慣（暮らし方）や医療関係者の懸命の努力、また、国民性……などなどによって死者の数を低く抑え込んでいますが、それでも、著名人の新型コロナウイルス感染による死亡の情報などにも接するなかで、誰もが死を意識せざるを得なくなったのではないでしょうか。

自分もいつ感染するかわからないし、それは死につながるかもしれない。死を意識することは、生を見直すことに直結します。生と死は表裏一体《ひょうりいったい》だからです。これまでの自分の生き方はよかったのだろうか。これからどう生きていったらいいのか……。

自粛生活が要請され、好むと好まざるとにかかわらず、時間ができたことで、誰もがそんなふうに、来《き》し方《かた》、行《ゆ》く末《すえ》について考えたのだと思います。そのきっかけ、機会をもたらしてくれたのは、ほかならぬコロナ禍です。これはコロナ禍の〝光〟の側面だといっていいのではないでしょうか。

来し方を見つめ直し、行く末について思う。どちらも自分の生き方と真剣に向き合うことです。そのなかで、それまでの生き方の検証があったでしょうし、反省もあったでしょう。

これからの生き方についての方向性の模索や「こう生きよう」という決意といったものもあったはずです。

そうした一連の心の作業は、生を輝かせるために不可欠である、とわたしは思っています。

死を意識することは、生のかぎりあることに思いをいたすことです。そして、**生のかぎりあることに、あらためて気づくことで、生きている瞬間、瞬間を大切にしようという思いが湧きます。**

その思いをもちつづけること、さらに、思いを暮らしのなかでかたちあるものにしていくこと、つまり、思いを実践すること、その二つ以外に生を輝かせる方法はありません。さあ、これを機に生を存分に輝かせていきましょう。

なにがあっても「命」を守り抜く

↓命は自分のものではない

コロナ禍の影響はこの二〇二一年も、それ以降も、ありつづけるのだと思います。そのなかで、一人ひとりが受けとめていかなければいけないのが、「自殺」の問題なのかもしれません。コロナ禍の影響による失業者数がどのくらいになるのかは、まだ、わかりませんが、増加傾向になるのは明らかでしょう。その失業率と自殺率は深くかかわっています。

「自殺統計」(警察庁)、「国勢調査」「人口推計」(総務省)をもとに、厚生労働省自殺対策推進室が作成した『失業率と自殺死亡率の推移』によると、完全失業率が高くなれば、それにともなって自殺者の数も増加するという調査結果が出ているのです。失業率と自殺率はシンクロしています。そのことを踏《ふ》まえれば、この二〇二一年には自殺者が増加することが十分予想されます。その負の予想をくつがえすには、一人ひとりの自覚が必要になってきます。

そこで、禅の見地から「死なずにいる」ためのヒントを探ってみたいと思います。

まず、禅の命に対する考え方です。

禅では命は「お預《あず》かりしているもの」であると考えます。 わたしたちは両親がいて、この世に命を授《さず》かるわけですが、その両親にもそれぞれ両親がいるわけです。

そのようにしてどんどんさかのぼっていくと、いま自分が授かっている命の背後には、想像を超えるほどたくさんのご先祖様たちがいることがわかると思います。そのうちのたった一人でも欠《か》けていたら、いまの自分の命はありません。

そう、命はご先祖様たちが、途切れることなく、永永とつないできてくれた結果として、いま、そこにあるのです。そのことを思えば、命はご先祖様たちからお預かりしているものであることが、実感されるのではないでしょうか。

みずから命を絶《た》つ人には、究極の事情があるのだと思います。しかし、どんな事情があるにしろ、お預かりしているものを疎《おろそ》かに扱っていいものでしょうか。いけないのです。

お預かりしているものは、最後まで大切に守り抜く。禅では生まれてから死ぬまでの期間を寿命ではなく、「定命《じょうみょう》」といいますが、その**定命が尽きるまで、大切にしていくのが、命との基本的な、そして、絶対忘れてはいけない向き合い方です。**

もし、死を思うことがあったら、そこに立ち戻ってください。「なにがあっても守り抜く」という心のかまえをもてば、そう覚悟を決めたら、動くことができます。どんなに厳しい状況でも、行動すれば道は開けるものです。

行政の救済策を片っ端から検討する、それまでのキャリアを白紙にして、とにかく収入が得られる仕事につく、ツテをとことんあたる……。動き方はいろいろあるはずです。シェイクスピアの戯曲『マクベス』のなかにこんな台詞《せりふ》があります。

「明けない夜はない」

大丈夫。動きつづけていれば、夜明けは必ずきます。

マイナスをプラスに転じる発想
↓「ショック」は「チャンス」につながる

コロナ禍のなかでそれまでとはすっかり環境が変わり、気持ちがへこんでしまっている人が少なくないかもしれません。いちばん深刻なのは、やはり、収入が減ってしまったということではないでしょうか。

企業側もこのコロナショックを乗り切るために、人員整理や賃金カット、関連企業への出向などの対策をとらざるを得ない状況になっています。収入に対する不安は当分拭《ぬぐ》えないというのが実情のようです。

どこにもプラス材料が見出せず、なにもかもがマイナスだらけ。そんな切迫感をもっている人もいるでしょう。ここは禅の出番です。禅の考え方の柱ともいうべきものに次の言葉があるからです。

「マイナスをプラスに転じる」

その具体例として、禅には以下のエピソードが伝わっています。

修行行脚《あんぎゃ》中の雲水《うんすい》（修行僧）が、あるとき朽《く》ちはてたあばら家で一夜を過ごすことになります。天井にはぽっかり穴が開き、破れた壁からは冷たいすきま風が吹き込みます。雲水の口からは溜《た》め息《いき》とともに嘆きの言葉が漏れます。

「よりにもよって、こんなところに宿を借りなければならなくなるなんて、なんともひどいことになったものだ」

これはもう、「寝るしかない」と横になった雲水はハッとします。天井の穴から美しい月がのぞき、そのやわらかい光が自分を包んでいることに気づいたからです。嘆きの雲水の気持ちは大きく転じます。

「ここに宿を借りたからこそ、こんなに美しい月に出会えた。やさしい光が自分を包み込んでくれていることの幸せを感じることができたのだ。なんと、なんと、ありがたいことだなぁ」

あばら家で一夜を過ごすという状況も、考え方によって、発想しだいで、まったく違ったものになる。マイナスにもプラスにも受けとれるということですね。

コロナ禍という状況は明らかにマイナスでしょう。しかし、それをプラスと受けとる発想もあると思うのです。たとえば、

「コロナによって世の中のニーズは確実に変わる。そのなかで大きく伸展《しんてん》する業種もあるはずだ。収入は減ったが、ここはじたばたせずに腰を据《す》えて、そのことを考えてみよう。コロナが落ち着いたら勝負どころになる。コロナ後を見据えて、しっかり準備をしておこう」

といったふうに、世の中の変化、時代の変化への対応を念頭《ねんとう》に置き、転職なども含めて、新たな生き方を探る機会にもできるはずです。これ、コロナ禍という〝ショック〟を〝チャンス〟にしていることになりませんか。

いまこそまさに、禅の発想を駆使《くし》するときです。

情報の「トリセツ」を知っておく

↓追いかけるから、振りまわされる

世の中が混乱したり、騒然《そうぜん》となったりしたときは、さまざまな情報が錯綜《さくそう》します。いみじくもそのことを証明したのが、コロナ禍だったといえるのではないでしょうか。新聞やテレビなど旧来のメディアも、現在の主流メディアともいえるインターネットやツイッターなどのＳＮＳ（ソーシャル・ネットワーキング・サービス）も、新型コロナウイルスに関する情報であふれかえりました。

もちろん、現代は高度な情報化社会ですから、情報を得ることは重要ですし、情報から離れて生活することもできません。しかし、一方では、情報によって不安をかき

立てられたり、心配事のタネが増えたりすることもあるわけです。

しかも、情報のなかには人心を〝煽《あお》る〟ことを意図《いと》しているとしか思えないようなものもあります。とりわけ、インターネットやSNSではその種の情報が数多く発信されているという印象です。

そうした情報を追いかけると、確実に振りまわされることになります。一例をあげれば、コロナ関連では一時SNSでこんな情報が流されました。

「致死率一五%、感染率八三%で、人類史上最凶のウイルス」

これをまともに受けとったら、心は不安でいっぱいになり、恐怖を覚えずにはいられない、ということにもなりそうです。

しかし、この致死率一五%は、中国武漢《ぶかん》の某病院に入院していたコロナ感染者四一人のうち、死亡者が六人出て、その致死率が約一五%であった、ということであり、感染率八三%のほうは、ある家族間の感染率がその数字であった、というのが実際のところだったのです。

どちらも、きわめて狭い範囲、ごく少数をベースにして、導《みちび》き出された数字ですから、到底、一般に敷衍《ふえん》することはできません。明らかに誤情報、ガセ情報の類いですが、こうした情報が少なくないのが実情です。

そこで、求められるのが情報の扱い方、いってみれば、自分独自の情報の「トリセツ（取扱説明書）」でしょう。ポイントは**「背後を考える習慣をつける」**ということです。背後というのは、大本《おおもと》のニュースソースといってもいいと思います。

それがしっかりした研究機関であったり、まともな研究者や学者であったりした場合は、信じるに足ると考えて、まず、間違いはないでしょう。また、きちんとしたデータや統計に基づいたものである場合も同様です。

先にあげた例も、大本までたどると、致死率も、感染率も、その数字がなにをベースにしたものかがわかるのですが、ただ、数字だけを受けとってしまうと、とんでもない誤解をすることになり、いらぬ不安や心配事で悩むことになるわけです。

大本までたどれない、大本があやふや、曖昧……といった情報は捨てる。それを基準にして取捨選択すれば、振りまわされることはなくなります。

新しい「家族関係」を築く
↓心地よい距離感の探り方

コロナ禍がもたらした変化のなかで、きちんと向き合う必要があるのが、家族関係のそれではないでしょうか。コロナ禍以前は家族が顔を合わせる時間は、それほど長くはなかったというのが一般的だと思います。

親世代は朝、会社に出かけ、帰宅するのは夜ですし、子ども世代も昼間は学校で過ごし、下校後も塾や習い事に通うといったケースが少なくないようですから、家族間でコミュニケーションをとる時間はかぎられていたでしょう。

つまり、そういう家族関係のなかで、家族それぞれが自分の立ち位置を見つけ、かかわり合ってきたわけです。

ところが、コロナ禍によって仕事はリモートワークになり、親世代はほとんどの時間を自宅で過ごすことになりました。子どもたちも休校や自宅学習になり、家族は多くの時間をいっしょに過ごすことになったのです。

家族関係はいままで経験したことがない新たなものになった。そのことに戸惑ったり、ストレスを感じたりしてはいないでしょうか。実際、こんな声も聞きます。

「長い時間家族がいっしょにいることなんていままでなかったから、どんなふうにかかわっていいのか、正直なところわからない。家族との距離感がうまく掴《つか》めないという感じかな」

人間関係の心地よさを決めるのは距離感です。家族であってもそれは同じでしょう。その距離感が掴めないことで、関係がギクシャクしたり、おたがいに居心地の悪さを感じたりするのは、当然といえるかもしれません。

仕事をするにしても、会社と自宅とでは、ずいぶん勝手が違います。集中しているときに、家人から声をかけられることもあるでしょうし、近くで動かれること自体が

気になることもあるでしょう。イライラが募って、
「落ち着いて仕事ができないじゃないか！」
などと声を荒らげることだってあるかもしれません。子どもたちにしても、学校から帰ったら、それまでいなかった父親（母親）がいるわけですから、ちょっとした違和感を覚えたとしても、不思議はありませんね。それは、家庭での居心地の悪さにもつながりそうです。

家族間の距離感の調整、関係の再構築が必要です。そうする際に、もっとも大切なのは、**家族それぞれの〝世界〟を尊重する**ことでしょう。

仕事をしている父親（母親）に対しては、周囲ができるかぎりそれを妨《さまた》げないように気配りをする。子どもと接する時間が増えれば、目につくこと、口に出したいことも、多くなると思いますが、あくまで、子どもの自主性を重んじ、過干渉《かかんしょう》はしないようにする……。

世界を尊重するとは、そういうことだと思います。そのなかで、心地よいと感じる距離感を探っていきましょう。時間がかかってもいいではありませんか。新しい家族

関係なのですから、焦らず、無理せず、おたがいに負担をかけず、築きあげていけばいいのです。

コロナ禍が落ち着いても、リモートワークは一定程度定着するでしょうし、大学の講義もリモートでおこなわれるものが残っていくはずです。従来の家族関係に戻ることはないといっていいと思います。

〝新家族〟に向けて、いち早く、あゆみ出しましょう。

リモートワークでいちばん重要なこと

↓自己確立が「働き方改革」の決め手になる

コロナ禍がきっかけとなって、仕事のやり方も〝新時代〟に入ってきています。いうまでもなく、多くの企業でリモートワークが取り入れられるようになった、というのがそれです。

ここでは、まず、働き方における新旧の違いをあげてみることにしましょう。もっとも顕著《けんちょ》な違いは、自分の守備範囲が広がったということではないでしょうか。オフィスで仕事をしているときは、周囲のアドバイスやヘルプをいつでも受けることができる、というメリットがありました。

たとえば、部下に必要なデータをインターネットからピックアップしてもらう、その分野が得意な同僚の知恵を拝借する、上司に経験に基づいた的確なアドバイスを求める……といったことが、ふつうにおこなわれていたといっていいでしょう。

しかし、リモートワークで同じことをしようとしたら、大変な手間と時間がかかることになります。いずれのケースでも、電話やメール、あるいはＺｏｏｍなどを使って、相手に〝依頼〟する必要がありますし、同じような手順、手段で〝リターン〟を受けとらなければならないわけです。

以前のように、部下のデスクにいって、

「これに関するデータをネットからピックアップしてくれる？　できたらすぐにもってきてくれると助かる」

「わかりました。すぐとりかかります」

といった具合にはいかないのです。知恵の拝借についても、的確なアドバイスについても、まったく同じことがいえますね。リモートワークでは、自分でやるほうが確実で早いし、そうしないと仕事はうまく流れていかないのです。

つまり、自分の仕事の守備範囲を広げないと、リモートワークの時代には対応していけないということです。そして、範囲内の仕事では自分を確立していく必要があるでしょう。ここでいう確立は、自信をもってその仕事ができる自分になる、ということです。

「この分野のことは（同僚の）あいつの知恵を借りればいいや」

「ちょっと悩んだときは、すぐにも（上司の）アドバイスをもらうにかぎる」

という〝安易《あんい》〟な姿勢では仕事は立ちゆかなくなります。そのことはしっかり腹に据えておかなければいけません。

自己確立するには、その仕事に全力投球する以外にありません。知恵が足りなければ、必死で勉強する。壁にぶつかったとき、うまくいかないときは、とことん悩み抜く……。

リモートワークで求められる「働き方改革」の主眼は、ぜひ、そのことに置いてください。

話は少しそれますが、災害発生時には自衛隊がただちに現地に赴《おもむ》き、的確でめざましい働きを見せます。なぜ、それができるのかといえば、自衛隊が自己完結型の組織だからです。

リモートワークの時代には、この「自己完結型」がキーワードになる、とわたしは考えています。**仕事の守備範囲が広く、しかも、どの仕事についても自己完結型でこなしていくことができる。**

新時代に求められるのは、間違いなく、そんな人材です。

第2章——悲観せず、抗わず、削ぎ落とす。

あらゆるものは移ろいつづけている

↓きのうはきのう、きょうはきょう

仏教の根本的な考え方を示しているのが次の言葉です。

「諸行無常《しょぎょうむじょう》」

これは『平家物語』の冒頭にも、「祇園精舎《ぎおんしょうじゃ》の鐘《かね》の声、諸行無常の響《ひび》きあり〜」という一文が出てきますから、読んだことがある、耳にしたことがある、という人が少なくないかもしれません。

その意味は、この世に存在するものはすべて、一瞬たりともとどまっていることがなく、常に移《うつ》ろいつづけている、変化しつづけている、ということです。

人は刻々《こくこく》と移ろいながら歳《とし》を重ねていきます。「生老病死《しょうろうびょうし》」という言葉がありますが、移ろいは生まれ落ちた瞬間から始まり、老いも、病も、死も、それぞれ移ろいのなかの姿です。

自然も移ろいつづけています。草木は春に芽吹《めぶ》き、夏になれば青々と葉を茂らせ、秋には葉が色づいて、冬を迎えれば枯れ落ちて、大地に還《かえ》ります。そこにみごとに移ろいをあらわしている、といっていいでしょう。

これは時代を問わず、場所を問うこともない「真理」です。そして、人はその真理のもとで生きています。ところが、それを忘れがちになるのも、また、人なのです。たとえば、富や名声を手に入れると、それがいつまでも手の内にあることを願い、失うことを怖れたりします。

つまり、そこにとどまっていようとするわけです。いわゆる「執着《しゅうじゃく》」ですね。**禅は執着することが苦しみにつながるとしていますが、それは真理に沿っていないから**です。

まず、すべてが移ろうものであるという認識をしっかりもつことです。それが生きる原点でしょう。

日々の暮らしに引き寄せていえば、「きのうはきのう、きょうはきょう」という気持ちで生きていくこと、というい方ができるかもしれません。たとえ、つらいことだらけの一日があったとしても、次の日になったら、もう、それは「きのう」のことであり、きょうはまったく新しい一日なのだから、その「きょう」を一生懸命生きる、というのがその生き方です。

もちろん、逆もまた同じです。いいことばかりの一日も、それが「きのう」になったら、その有頂天気分《うちょうてんきぶん》にとどまることなく、新たな気持ちで「きょう」を精いっぱい生きるのが、諸行無常の真理に沿った生き方である、といっていいでしょう。

こんな言葉があります。

「日々新又日新（ひびにあらたにしてまたひにあらたなり）」

中国古典の『大学《だいがく》』にあるものですが、毎日が新しい日であり、降《ふ》り注《そそ》ぐ太陽の光も、きょうはきのうとは違っているし、吹きわたる風もきのうと同じではない。自然界のなにもかもが、毎日、毎日、生まれ変わって新しいのである、ということをいっています。

そんななかで、人の心だけがきのうにとどまったり、きのうを引きずったり、するのかもしれません。その結果、きょうが疎《おろそ》かになってしまったりするわけでしょう。せっかく、新しい日が訪れているのに、それではもったいない、いや、新たな日に申し訳ない、と思いませんか。

世の中も、人の気持ちも、コロナ禍で沈みがちになっているのが現状でしょう。ここは、よりいっそう、毎日を新たな心で生きることが大切です。いま一度、胸に刻みましょう。

「きのうはきのう、きょうはきょう」

ですよ。

すべては関係性のうえに成り立っている
↓「わたしが」ではなく、「みんなで」の発想が大事

前項でお話しした「諸行無常」とともに仏教の考え方の柱になっているのが、この言葉です。

「諸法無我《しょほうむが》」

この世のあらゆるものは、すべて関係性のなかで存在していて、単独で成り立っているものなどない、というのがその意味です。

命についての話はすでにしましたが、命をいただいている自分という存在は、当然、親（ご先祖様）との関係性のうえに成り立っているわけです。また、自分が生きてい

るということにも、たくさんのものが関係しています。

たとえば、生きていくうえで欠かせない食事にも、食材との関係性がありますし、もっとフォーカスして一粒のお米を考えても、それを口にするまでには、生産者である農業従事者、それを市場に運ぶ流通業者、販売する小売業者、さらには、ごはんを炊《た》いてくれる人……といった大勢の人の手がかかっているわけです。

禅では、口にする一粒のお米にも「一〇〇人の人のお蔭様《かげさま》」が関係している（働いてくれている）、といういい方をしたりしますが、いずれにしても、自分一人では（多くの関係性なしには）、一粒のお米さえ口にすることができないのです。

これも真理です。ですから、自分一人で生きている、自分でなんでもできる、と考えるのは真理から外れていますし、どだい、そんなことなどできるわけがないのです。

きわめてシンプルな例で話を進めましょう。

心地よくなるということを考えてみてください。自分が心地よくなろうとしたとして、さて、うまくいくでしょうか。たった一人でいくら力《りき》んでみても、心地よさに包まれることはありません。

「自分が」は無力なのです。

一方、関係性のなかに心地よさを求めたらどうでしょう。

たとえば、**誰かに笑顔を向けて、明るく挨拶《あいさつ》をする。**笑顔で挨拶をされて気分を害《がい》する人はいませんね。相手は心地よさを感じます。

もちろん、その心地よさいっぱいの笑顔で、こちらに挨拶を返してくれるでしょう。その〝返礼〟でこちらも心地よくなるのではありませんか。いかがですか。**関係性のなかでなら、確実に心地よくなれる**のです。

「自分が～する」というのは、「自我《じが》」の発想です。それに対して、「みんなで～するというのは「無我《むが》」の発想といっていいでしょう。真理に沿っているのは、いうまでもなく、後者です。

仕事も「自分（だけ）が成功する」というのでは、うまくはいきません。**「みんなで成功する（しよう）」という「無我」の発想で臨《のぞ》むから、いい結果が生まれる**のです。家族だって、「自分が幸せにする」ではなく、「みんなで幸せになろう」でなければ、幸福にはなれませんね。ものごとを成すのは、すべて「無我」の発想です。

「いま」を受け容れる
↓悲観しない、抗わない

人はいつもそのときどきの状況のなかで生きなければなりません。もちろん、自分の努力や気力、がんばりで状況は変えられます。自分のやりたい仕事ができていない状況にいる人が、そこでがんばってスキルを磨《みが》いていくことで、やりたい仕事ができる状況に異動になる、といったことは珍しくはないでしょう。

しかし、努力や気力ではどうにもならない状況もあります。コロナ禍もそうですし、震災や台風、洪水などの自然災害もそうでしょう。コロナ禍の経済的ダメージによって、仕事を失った、震災で家が倒壊した、台風で農作物が全滅した……。

茫然自失《ぼうぜんじしつ》という状態になったとしても無理のない状況です。到底、受《う》け容《い》れ難《がた》い、というのが偽《いつわ》らざる心境かもしれません。

しかし、禅僧であるあの良寛《りょうかん》さんは、こういっています。

「災難に逢う時節には災難に逢うがよく候」

災難にみまわれるときは、災難にみまわれればよいのだ、というのですから、ずいぶん突き放したいい方じゃないか、と思うかもしれませんね。良寛さんの真意はこういうことだと思います。

現実に災難がきてしまった以上、もはや、それを避けるすべはありません。災難のなかに身を置くより仕方がないのです。そうであったら、**まず、やるべきことはその災難を受け容れることである。**良寛さんはそういっているのです。

さらに、良寛さんはそうすることが、災難を逃れる妙法《みょうほう》、すなわち、もっともすぐれた方法なのだ、と断じています。

災難を受け容れることができず、その状況にある自分を悲観したり、状況に抗《あらが》おうとしたところで、なにかが好転するでしょうか。好転するどころか、切なさ、やりきれなさが心を覆《おお》うだけではありませんか。言葉を換えれば、**切なさ、やりきれなさに心が縛られてしまう**のです。

縛られた心は、当然ですが、自由さ、自在さを失います。行動を喚起する自由な発想、自在な思いが制限されてしまうのです。その結果、いつまでも切なさややりきれなさから抜け出せなくなるわけです。

災難（その状況＝いま）をそのまま受け容れることで、心は解放されます。切なさややりきれなさから解き放たれた、いわばニュートラル（自然）な状態に保つことができる、といってもいいでしょう。

もっともパワフルで、活力があるのが、その心です。「いま」が耐えるべきときであれば、耐える力が、なんらかの動きをすべきときであれば、動くための力が、その心から湧《わ》いてきます。

受け容れること以上の、心に力を注ぎ込む方法はありません。

「方丈」で簡素に暮らす
↓削ぎ落とすから、心は自由になる

みなさんは「方丈《ほうじょう》」という言葉をご存知でしょうか。これは、一丈（約三メートル）四方の空間、部屋のことです。その方丈について次のような逸話があります。

お釈迦様の時代に維摩居士《ゆいまこじ》という仏教にとても精通した人がいました。あるとき、維摩が病気になったことを知ったお釈迦様が、弟子たちに、見舞いに行って様子を見てくるように命じます。

しかし、在家の弟子でありながら、自分たちをも凌《しの》ぐ知恵者である維摩のもとを訪れるのを弟子たちは躊躇《ためら》います。かつて議論をして、こっぴどくやり込められた、と

いう苦い経験があったからです。

そんななかで、維摩の家を訪ねることになったのが文殊菩薩《もんじゅぼさつ》とその一行でした。長者（富裕者）でもあった維摩ですから、さぞかし大きな屋敷に住み、たくさんの書物に囲まれて暮らしている、と文殊菩薩は想像していました。

ところが、維摩が暮らしていたのは狭い、狭い、方丈だったのです。維摩はその方丈で暮らすなかで、すぐれた仏教者になったのです。そのことから、仏教者の理想は方丈での暮らしである、と考えられるようになり、住職が寝起きする部屋を方丈と呼ぶようになったのです。

ちなみに、曹洞《そうとう》宗や臨済《りんざい》宗では住職のことを「方丈さん」ともいいます。

〝方丈で暮らす〟ということが象徴しているのは、簡素に暮らすということでしょう。なにしろ三メートル四方の空間ですから、置けるものもごくかぎられてきます。**ものに対する「欲しい」という思いを、削《そ》ぎ落とし、また、削ぎ落とし、どこまでも削ぎ落とさなければ、簡素な暮らしはできません。**

仏教はその簡素な暮らしに、ほんとうの心の自由がある、と考えるのです。ものは執着の対象です。もてば、それを手放したくない、という執着が生まれます。もてば、もつほど、執着はふくらみます。

その執着が心を縛る。どんどん自由から遠ざかっていくわけです。**心の自由を取り戻すには、執着を捨てる、すなわち、ものから離れるしかない**のです。めざすべき到達点は削ぎ落とし切った究極の簡素な暮らしです。

その実際を良寛さんに見ることができます。「五合庵」と呼ばれる小さな庵《いおり》を結び、文字どおり、〝方丈暮らし〟をしていたのが良寛さんです。もっているものといえば、必要最小限のものだけ。ひとつの器《うつわ》で飯を炊《た》き、煮炊きをし、それを食器にもしていた、といった話も伝わっています。

良寛さんにまつわるエピソードも数多く残っています。

床下から筍《たけのこ》が顔を覗《のぞ》かせれば、伸びるままにして、自分の居場所を譲り、子どもたちとは日が暮れるまで手鞠《てまり》に興じた。

子どもたちと隠れん坊をした際には、日が落ちて子どもたちが家に帰ってしまった後も、ずっと田圃《たんぼ》に隠れつづけ、翌早朝、野良仕事に出てきた農夫が声をかけると、

「こら、静かにせんか。そんなに大きな声を出すと、子どもたちに見つかってしまう」

と叱《しか》った等々。

そうした暮らしぶり、エピソードが示すのは、なにものにもとらわれない、煩《わずら》わされることなどいっさいない、どこまでも自由な心でしょう。

「簡素な暮らし」と「自由な心」は不可分、一体です。

「風流」は無常を身体で受けとめること

↓四季を楽しむ極上の生き方

四季折々《おりおり》の自然が美しい。これは日本が世界に誇るべき地域的特質でしょう。その四季について、道元《どうげん》禅師は次の歌を詠《よ》まれています。

春は花
夏ほととぎす
秋は月
冬雪さえて冷《すず》しかりけり

春夏秋冬それぞれの美しさが端的に、象徴的に詠まれていますが、無常をあるがままに映し出しているのが四季です。その移ろいを身体全体、心いっぱいに受けとめ、楽しむことができたら、それこそ極上の生き方ではないか、と思うのです。

元来、日本人はそうした生き方、すなわち、季節の移ろいとともに生きることを無上の喜びとしてきたのです。花見や紅葉《もみじ》狩りといった伝統的な行事は、移ろいを謳歌《おうか》し、喜びを表出させるものである、というういい方ができるかもしれません。

「風流《ふうりゅう》」という言葉がありますが、その本質は、無常を受けとめることにあるのではないか、とわたしは考えています

たとえば、夏の暑さ。それは移ろい（無常）がもたらしたものです。そこで、その暑さを身体全体で感じていく、受けとめていく。しかし、酷暑のなかにも〝涼《りょう》〟があります。木陰《こかげ》を一瞬、風が吹き抜ける。そのとき、

「ああ、心地よい風だ。幸せだなぁ」

と感じることができる。それが風流の心だと思うのです。

また、寒い時季には、まず、思い切り寒さを受けとめる。そのなかで、日だまりの〝暖《だん》〟に心地よさ、ありがたさ、を感じる。それも風流でしょう。

そう考えると、移ろいとともに生き、そのなかに喜びを見出してきた、かつての日本人は、みんな〝風流人〟であったといえるかもしれません。

しかし、時代は変わって、いまは〝利便性〟にどっぷりひたった暮らしぶりになり、季節感は薄れる一方になっています。冷暖房完備の居住空間のなかでは、夏の暑さも、冬の寒さも、感じることがありません。

もちろん、この時代に利便性をすべて捨てて、かつてのような暮らしをすることは不可能ですが、**自然の移ろいに身を置くという意識をもって、それを感じていくことはできる**のではないでしょうか。

たとえば、朝の散歩を習慣にする。季節を問わず朝の空気は清々《すがすが》しいものです。そのなかを歩いていると、四季折々の移ろい、無常を感じることができます。

春にはふくらんだ木々のつぼみが花開くのを目にできるでしょうし、夏は蝉《せみ》しぐれを全身に浴びることもできるでしょう。秋にはしだいに色を深めていく紅葉の美しさに心を打たれることになるかもしれませんし、冬になったら木枯《こが》らしのなかで身も心も引き締まるのを感じるかもしれません。

どれもが、自然の移ろいを、無常を受けとめている時間といっていいでしょう。そのなかにきっと、暑さに涼を感じたり、寒さに暖を感じたり……するのと同じような感動や喜びがあるのだと思います。

それは眠っている風流心に息を吹き込むことになって、無常とともに生きている実感をもたらしてくれるはずです。

心ひとつで世界の在り様が変わる
↓鴨長明が行き着いた境地

鎌倉時代に書かれた随筆『方丈記《ほうじょうき》』は以下の文章から始まっています。

ゆく河の流れは絶えずして、しかも、もとの水にあらず。よどみに浮かぶうたかたは、かつ消え、かつ結びて、久しくとどまりたる例なし。世の中にある、人と栖《すみか》と、またかくのごとし。

筆者の鴨長明《かものちょうめい》は、鴨川の水を眺めながら、深く、静かな思いに耽《ふけ》っています。流れる水は絶えることがなく、もちろん、同じ水が流れることもない。よどみに浮かぶ泡は、生じては消え、消えては新たに生じて、ずっと泡でありつづけることはない。この世にある人も、住まいも、また、そのようなものなのだろうか。

文字どおり、〝流れる〟ような筆致でここに語られているのは、「無常（観）」、諸行無常の世界観でしょう。**ひとときたりともとどまることがない。それがこの世に存在するあらゆるものの定め**であることを、長明は心でも、身体でも、わかっているのです。

その心境に導いたのは、長明がみずから味わった幾多の経験であることは、想像に難《かた》くありません。

長明は下鴨《しもがも》神社の禰宜《ねぎ》の次男として生まれます。自身も禰宜の職につくことを願い、それをめざした長明でしたが、さまざまな障害が立ちはだかり、神職の道は閉ざされてしまいます。

その挫折がきっかけとなり、長明は五〇歳で出家しますが、それまでの暮らしのなかで、何度も凄惨《せいさん》なできごとをまのあたりにしてきていたのです。大火、辻風（つむじ風）、飢饉《ききん》、大地震……。そして、そこに現出した焼き尽くされる都、業火《ごうか》に焼かれる人びと、累々《るいるい》たる餓死者の骸《むくろ》、破壊される街並み……。

この世が無常であることを、心底思い知らされるに、十分以上の経験だったでしょう。出家後、京都の各所に住んだ長明がたどり着いたのが日野山の奥の地でした。長明はそこに小さな庵を結びます。広さは一丈四方、すなわち、方丈でした。そこで書き上げた随筆であったことから、長明はそれに『方丈記』の名をつけます。

『方丈記』には、庵（方丈）での暮らしぶりが詳細に綴《つづ》られています。長明がそこで感じていたのは、**安寧《あんねい》な心の、自由気ままな魂《たましい》の、なにものにもまさる〝尊《とうと》さ〟であった**、といっていいでしょう。

その尊さに気づくか、気づかないかは、心の在《あ》り様ひとつです。粗末な庵での暮らしを惨めで、つらいもの、とするのも心の在り様ですし、もっとも尊いもの、至福のものとするのも、また、心の在り様でしょう。

すべては心の在り様ひとつで決まる。鴨長明が行き着いたその境地は、ときを超えて、この時代にも大切な示唆《しさ》を与えてくれます。

コロナ禍はいずれ終息することになると思いますが、その後もどんなことが起きるかわかりません。しかし、なにがあったとしても、それを受けとめていかなければいけないのです。

どんな心の在り様で受けとめるか。大事なのはそこです。心の在り様しだいで、世界はどうにでも変わります。

そこに閉塞感や絶望を見るのか、突破口や希望を見出すのか。決めるのは心の在り様です。

そのことは、ぜひ、肝《きも》に銘《めい》じておきましょう。

逆境こそ「無心」になる

↓ただ、そこで、本分をまっとうする

人は思いもよらない状況に置かれると、いろいろなことを考えてしまって、どうしていいかわからなくなることがあります。多くの人にとって逆境となったコロナ禍は、そんな状況でもあったといえるのではないでしょうか。

しかし、**逆境を乗り越えるために必要なのは、考えることではなく、「無心」になること**だと思います。そういっても、無心になるとはどういうことなのか、具体的にイメージできないかもしれませんね。

なにか行動するときには、誰もが、「これはなんのためにやるのか？」「これをする

ことでなにが得られるのか？」といったことを思うものです。それをやめる。それが無心ということです。

本書の「はじめに」でもご紹介しましたが、こんな禅語があります。

「即今《そっこん》、当処《とうしょ》、自己《じこ》」

たったいま、自分がいるその場所で、自分がやるべきことを、ひたすらやっていく。そのことがいちばん大切である、という意味です。そこには、なにかのためにという思いも、なにかを得ようとする思いもありません。

無心で動いている姿がこれでしょう。その場、その場で、自分の本分をまっとうしている姿といっていいかもしれません。本分をまっとうするとはこういうことです。

春になるとウグイスが美しいさえずりを聞かせてくれます。しかし、ウグイスには、美しい鳴き声を聞かせようという思いはありませんし、さえずりで人びとを感動させようという思いもありません。

ただ、自分のやるべきことをしている、本分をまっとうしているのです。いま紹介した禅語のままに生きている、といってもいいでしょう。美しく咲き誇《ほこ》り、人びとから愛《め》でられる花も同じです。

本分をまっとうすることだけにつとめていれば、余計な考えが入り込んでくる心の隙《すき》がなくなります。逆境にあっても、**不安をかき立てられたり、心配事で心がいっぱいになったりすることがない**のです。

いま、自分が置かれた立場で、まっとうするべき本分はなにかを、しっかり見きわめることが大切です。たとえば、コロナ禍のなかで、仕事の環境が大きく変わった、という人がいるかもしれません。しかし、そこで、

「子会社に出向って、なんだよ、このひどい仕打ちは。コロナが落ち着いたら、ちゃんと本社に戻してくれるんだろうな。戻れなかったら、どうすればいいんだ」

などと嘆いたり、将来に不安を抱いたりすることは、そのとき自分が置かれた立場での本分でしょうか。そうではないでしょう。子会社に出向したのであれば、そこで全力を傾けて仕事に取り組むこと。それが本分です。

まっとうすべきことはそれしかありません。そして、そうしていたら、かりに最初は逆境だと感じていた出向先でも、存分に自分の力が発揮できるはずですし、仕事の

なかで充実感も得られると思うのです。

力が発揮できて、充実感をもてる。そんな仕事の場は、すでに逆境ではないのではありませんか。いつのまにか、逆境を乗り越えている、というういい方をしてもいいかもしれませんね。

「随所作主　立処皆真（ずいしょにしゅとなれば　りっしょみなしんなり）」

この禅語は、どんな場所にいても、自分が主体となって力を尽くしていれば、そこは自分を活かせる場所になる、ということをいっています。主体となって力を尽くすとは、もちろん、自分の本分をまっとうすることです。

本分をまっとうするところに逆境はありません。そこは常に自分を活かせる場所なのです。

無常をていねいに生きる

↓「一期一会」の心があれば大丈夫！

移ろう〝とき〟の流れのなかで生きる、すなわち、無常を生きるうえで、心得ておかなければならないことはなんでしょう。わたしは、第一に**「瞬間を疎《おろそ》かにしない」**ということをあげたいと思います。

禅とはかかわりの深い茶の湯でよく使われる言葉にこんなものがあります。

「一期一会《いちごいちえ》」

その意味は次のようなことになります。茶会は、同じ亭主が、同じ客を招き、同じ茶道具を使って、同じ時間帯に催《もよお》されることがあるが、そのどれもが一回かぎりのもので、同じ茶会が二度と戻ってくることはない。そうであるから、どの茶会も一生に一度のものだという意識をもって、招く側（亭主）も招かれる側（客）も、精いっぱいの心を尽くし切って、その場に臨まなければいけない。

もし、心を尽くさなかったら、その茶会を疎かにしたら、その時間（瞬間）は無常のなかに埋もれてしまいます。後からその時間を掘り起こして、やり直すことはできません。

人生は時間の積み重ね、もっといえば、瞬間、瞬間が積み重なって、紡《つむ》がれていきます。**ある時間、ある瞬間を疎かにしたら、自分の人生にその疎かな時間が積み重ねられてしまう**のです。

たとえば、友人（恋人）と会った際に、たまたま、腹の虫の居所《いどころ》が悪いということがあるかもしれません。そんなとき、その腹立たしさをそのまま友人（恋人）にぶつけることになって、ケンのある態度をとったり、対応が邪険《じゃけん》になったり、していないでしょうか。

あなたはこう考えるかもしれませんね。

「気心が知れている相手だし、こちらも気分が悪いんだから、きょうのところは仕方がないというものだ。今度会うときは、そのぶん、やさしい対応をして、挽回すればいいのだ」

しかし、そう都合よくはいきません。挽回などできないのです。

さらに、もうひとつ心に置いておかなければいけないのは、**〝今度会う〟機会があるかどうかもわからない**ということです。

邪険な対応をしたまま別れた相手が、不慮《ふりょ》の事故で亡くなってしまい、〝今度〟が永遠にやってこないという可能性だってないとはいえないわけでしょう。万々一、それが現実になったら、大きな悔いが残ると思いませんか。

その相手と、そこで、その時間に、会うのはこれが一度だけで、二度と同じ機会はないのだ。その「一期一会」の心をいつももっていましょう。そうしていたら、そのときどきの自分の精いっぱいを尽くせるようになります。

それは、**無常をていねいに生きること、人生をていねいに積み重ねていくこと**にほかなりません。

住まいに執着しない

↓それぞれの「方丈」で心地よく暮らす

『方丈記』を記した鴨長明の晩年は、一丈四方の小さな庵（方丈）での暮らしに、心の自由を見出《みいだ》し、無常を思うさま楽しむ、というものだったのでしょう。長明はこんな文言を綴《つづ》っています。

今、さびしきすまひ、一間の庵、みづからこれを愛す

長明にとって方丈は、ほかに代わるものがない、唯一無二の心地よい栖《すみか》（住まい）

だったのです。さて、みなさんにとっての住まいは、長明のそれに並ぶほどの心地よさをもたらしてくれるものになっているでしょうか。

ここで『方丈記』の冒頭の文章を思い出してください。長明は川の流れも、そこに浮かぶ泡も、無常なる（とどまることがない）ものである、とした後に、人と〝栖〟も、また、そういうものだろうか、とつづけています。

そこから読みとれるのは、たとえ、それ（庵）が最上の心地よさをもたらしてくれるものであっても、住まいも、また、無常の理《ことわり》から離れて存在することはできないということでしょう。

いい換えれば、無常の理のもとでは、**あらゆるものが、消えては、結ぶ泡のような〝仮の姿〟であり、住まいも、また、〝仮の栖〟なのです。**そうであったら、住まいに執着する意味などないということにならないでしょうか。

長明も自身の方丈についてこんなふうに記しています。

所を思ひ定めざるがゆゑに、地を占めて、造らず↓この場所と決めて住みたいわけ

ではないから、土地を買って、造ることはしなかった
もし、心にかなはぬ事あらば、やすくほかへ移さんがためなり↓もし、気に入らないことがあったら、いつでもほかの場所に移せるように（俺は簡単な造りにした）

これらの文言からも、長明には住まいに対する執着がまったくないことが明らかです。執着しないこと、執着から離れること。ここは心地よく暮らすための重要なポイントではないかと思います。

災害などによって住まいが一瞬にして失われる、ということはこれまで何度も繰り返されてきたところです。また、新型コロナウイルスのような感染症のパンデミックが起きれば、収入が減ってローンが支払えなくなるなどの経済的な理由から、自宅を手放さなければならなくなることもあるでしょう。

そんなとき、それまでの住まいに執着していたらどうでしょう。
「せっかく建てた家なのに、諦《あきら》められるわけがない」
「いままで快適な暮らしをしていたのに、今度はこんな家に住まなければいけないな

んて、あんまりじゃないか」

といった思いになるのではないでしょうか。これでは、どんな住まいで暮らすことになったにしろ、いつまでも愚痴や不満を引きずることになって、心地よく暮らすことなどできませんね。

一方、**住まいに執着していなければ、どこで、どのような家に暮らすことになっても、その住まいでの暮らしを受け容れることができます。**心地よく暮らす原点は、まさに、その受け容れるということです。

「この家で十分、十分。ここで暮らせることがありがたいじゃないか」

どんなことも〝十分〟〝ありがたい〟と受けとめるのは、禅でいう**「知足《ちそく》（足るを知る）」**の心です。これが心地よさの要です。

執着せず、受け容れ、知足の心で暮らす。この三本柱が、どこで暮らしたとしても、そこを、長明にとっての「方丈」、すなわち、無上の心地よさをもたらしてくれる場所にするのだと思います。

縁は努力に宿る

↓精いっぱい、一生懸命、にまさるものなし

みなさんは「因縁《いんねん》」という言葉にどんな印象をもっていますか。

よく使われるのが「因縁をつける（つけられる）」といういい方であることから、あまりいい印象はないという人が少なくないかもしれませんね。しかし、これはもともと仏教語で、すべてのものごとは「因」と「縁」が結びついて生じている、ということをあらわしている言葉なのです。

たとえば、春になると花が咲きますが、これも因と縁が結びついた結果として、生じています。因は原因で、つぼみが十分にふくらんでいることがそれにあたります。

そのつぼみにうららかな春の陽射しが注ぎ、あたたかな春風が吹いてくる。これが縁です。

ふくらんだつぼみという原因と春の陽射し、春風という縁が結びついたことによって、開花という結果が生じるわけです。

つぼみが十分にふくらんでいなければ、つまり、原因がきちんと整っていなければ、春の陽射し、春風という縁がやってきても、それを掴《つか》まえることができません。花を咲かせることができないのです。

仕事についていえば、次から次にいい仕事に恵まれるという人がいます。あるいは、(コロナ禍などで) 仕事を失うことになっても、すぐに新しい仕事が見つかる人がいるでしょう。

これも因縁の〝しわざ〟です。そういう人は、日頃からきちんと因をつくっている、因を整えているのです。

いっしょに仕事をする相手に対して、常に誠実に接するために精いっぱいの努力をしている、というのも因をつくることです。相手に満足してもらえる仕事に仕上げるためには、労を惜《お》しまず、一生懸命に努力を傾けていく、というのも因を整えることでしょう。

そこに縁が結びつきます。たとえば、仕事相手からこんな話がもち込まれる。

「じつは以前から取り引きをしている会社の人に、〇〇の部品をつくってくれる工場がないか、と相談されているんですよ。御社はその種の部品をつくっているじゃないですか。その会社の仕事を請け負う余裕があったら、ぜひ、紹介したいのですが……」

あるいは、仕事をなくしたときにこんな声がかかる。

「〇〇さんはパソコンに詳しかったですよね。友人の会社がデータを完全電子化するとかで、パソコンのオペレーターを探しているんです。よかったら、その友人と一度会ってみませんか？」

普段から、〝精いっぱい〟の努力、〝一生懸命〟の努力を積み重ねていなければ、こんな縁がもたらされるわけもありません。因をつくり、整えていくうえで、この二つにまさるものはありません。

第3章——暮らし方を整えて、軽々と過ごす。

成功も、失敗も、捨てる

↓忘れると心が軽くなる

はじめに禅語をひとつ紹介しましょう。第2章でも少し触れましたが、削ぎ落とすこと、つまり「放下着《ほうげじゃく》」という禅語です。

意味は、捨てて、捨てて、捨て切ってしまいなさい、ということですが、これは趙州従諗《じょうしゅうじゅうしん》禅師がおっしゃった言葉とされます。それにまつわるエピソードが以下のものです。

あるとき、厳陽尊者《げんようそんじゃ》という修行者が趙州禅師に問います。

「一物不将来《いちもつふしょうらい》の時、如何《いかん》」

わたしは長い修行を積み重ねたおかげで、煩悩妄想《ぼんのうもうそう》を断ち切り、自己本来の仏性を体得して、無一物《むいちもつ》の境地に達しました。そのわたしが、この先、どのような修行をしたらよいのでしょうか、というのがこの問いの意味です。

これに対する趙州禅師の答えが、「放下着」だったわけです。

無一物の（すべてを捨てた悟りの）境地に達した厳陽尊者が、捨てていないもの、捨て切っていないものは、なんなのでしょう。趙州禅師が、厳陽尊者の問いから嗅ぎ取ったのは、無一物の境地に達した、というその思い（矜持）、すなわち、自我だったのです。**まだ、その自我を捨てていない、捨て切っていないではないか、**というのが趙州禅師がいわんとしたところです。

その自我があるかぎり、ほんとうの無一物の境地ではない。自我に縛られているのだ。自我も捨て切ったところにしか、その境地はないのである。趙州禅師はそうおっしゃっているのです。

考えてみると、人には捨てていないもの、捨て切れないものが、たくさんあるものです。名誉、肩書き、学歴、財産……。あげていたらキリがないほどです。成功や失敗もそうでしょう。

仕事で成功したら、それを捨てられない。

「うちの会社が大きく伸びたのは、あのヒット商品を出したからだ。企画したのはほかでもないこの自分だ」

口に出していうかどうかはともかく、その思いをずっと捨てずにいる、といった人は少なくないのではないか、と思うのです。もちろん、仕事であげた実績は評価されてしかるべきですし、そのことに自負をもつのはいいのです。

しかし、それを笠に着てはいけない。その場に置いていかなければいけない、というのが、放下着の意味です。捨てるは、「忘れる」ということに近いかもしれません。

実績も、自負も、忘れるのです。

捨てないと、忘れないと、それに縛られることになります。心のどこかに〝実績をあげた自分〟がいて、なにかにつけて顔を覗かせるのです。

「(あれほどの実績をあげた自分に)こんな安っぽい仕事をさせるのか!」

といった塩梅《あんばい》ですね。**縛られた心は窮屈《きゅうくつ》です。忘れたら、心が軽く、自由になり**

ます。どんな仕事であっても、心新たに、真摯《しんし》に、向き合えるのです。

失敗も同じでしょう。失敗したことを忘れられないでいると、気持ちが後ずさりしますし、臆病にもなります。

「あのときと似た状況だな。また、失敗するんじゃないだろうか」

これでは自信をもって仕事を進めることはできません。

どんなことも、どんなものも、捨て難いのが人間です。だからこそ、大胆に捨て切ることが大切なのです。放下着、しっかり胸に刻みましょう。

そのときどきの自分を出せばいい

↓結果は後からついてくる

前の項目で「成功（失敗）を忘れる」という話をしました。それとも関連するのですが、ここでは成功体験につきものの、ちょっとやっかいな〝反作用〟についてお話ししたいと思います。

いい仕事をして高い評価を得たという成功体験には、ある反作用があるのではないか、と思うのです。

「次はもっと高い評価がもらえる仕事をしなければいけない。なんとしてもそうしなければ……」

そんなプレッシャーがかかってくる、というのがそれです。営業なら売上の数字をさらにあげる、企画であればもっとすぐれたアイディアを盛り込む……。それが自分のなかでの絶対に達成しなければいけない〝ノルマ〟になるわけです。

こうしたことは、画家や作家など創作にかかわっている人たちにもあるようです。自分の作品がいったん高い評価を受けると、次はそれを超える評価をもらえる作品を世に送り出さなければいけない、と考えてしまう。そのためなかなか作品を発表できなくなるというのです。

そうなるのは、より高い評価を得る、という〝結果〟にこだわるからでしょう。しかし、禅にはこんな言葉があります。

「結果自然成《けっかじねんになる》」

結果というものは、後から自然についてくるもので、最初から求めるものではない、という意味です。わたしは「禅の庭」のデザイン、作庭《さくてい》に携わっていますが、それに取り組む際に結果を求めることはしません。

結果というのは、たとえば、〝見る人が感動する庭〟〝歴史に残る庭〟……といった評価をいただくことですが、「禅の庭」づくりでもっともしてはいけないことが、それらを求めることである、とわたしは考えているのです。

「禅の庭」は、つくり手であるわたしのそのときの境地（心の在り様）を、あるがままに表現する空間です。どのようにそれを表現するか。考えるのはその一点だけですし、それ以外にすることはないのです。

そうして完成した「禅の庭」を見る人がどう受けとるかは、おまかせするしかありません。結果がどのような評価であっても、わたしは、ただ、それを自然についてきたものとして、引き受けるだけです。

仕事についても同じだと思うのです。そのときどきの自分のもっている力をそこに全力投入する。**その結果、前の仕事より評価が低かったら、それはそのまま引き受けていけばいいのです。**

「自分は力を出し切った！」

その納得感がもてることだけが大事。評価は、「どうぞ、ご随意に……」とおまかせしてしまいましょう。

なくすことは、可能性を広げること

↓〝すっからかん〟になって一歩を踏み出す

災害やパンデミックは瞬時にして人生を変えます。しかも、「なくすこと」「失うこと」による変化ですから、もちこたえるのはたいへんです。

これまでの震災や津波、豪雨や洪水、また、今回のパンデミックによって、数多くの家や財産、仕事、そして、命が失われました。しかし、失意や大切な人をなくした深い悲しみのなかでも、人は前を向いて生きていかなければなりません。

「そんなことはわかっている。しかし、仕事はない、先の見通しは立たない……という状況で、どうしたら前向きになれるというのだ」

たしかに、そう感じている人が少なくないかもしれません。しかし、なくしたもの、失ったものに、思いを向けていたら、そこから前に踏み出すことはできないのです。

こんな禅語があります。

「無一物中無尽蔵《むいちもつちゅうむじんぞう》」

なにひとつないからこそ、そこには無限の可能性がある、という意味です。誤解を怖れずにあえていいますが、**〝すっからかん〟になると、自分のなかにある可能性に気づく**のではないでしょうか。

コロナ禍で仕事をなくしたというケースで考えてみましょう。

そのとき、こんなふうに思う人がいるかもしれません。

「一部上場企業のビジネスパーソンとして、いままで積み上げてきたキャリアがフイになったじゃないか」

「ここまで順調にエリート街道を歩いてきたのに、こんなところで躓《つまず》くなんて、想像もしていなかった」

自分のキャリアにこだわったり、エリートだった自分が忘れられなかったり、しているわけです。〝すっからかん〟になっていないのです。みずから可能性を閉ざしている姿といってもいいでしょう。

しかし、キャリアも、エリートという地位も、放り投げて、なにもない白紙の自分に戻ったら、つまり、〝すっからかん〟になれば、いろいろな可能性に気づくはずなのです。

とりあえずの収入を得るためについた、まったく畑違いの仕事におもしろさを感じたり、身体を使って汗をかく仕事が、案外、性に合っていたり、思わぬところに自分の才能があることがわかったり……。

可能性の発見は行動するうえでのエネルギーです。さあ、前に向かって一歩を踏み出しましょう。

拠り所は自分の内にある
↓周囲に惑わされてはいけない

世の中が混乱していたり、停滞したりしているとき、あるいは、個人的に岐路《きろ》や窮地《きゅうち》に立たされているときに、自分の支えとなるのは「拠《よ》り所《どころ》」ではないでしょうか。確たる拠り所があれば、そこでどう判断するか、どんな決断をするか、で迷うことはないと思うからです。

問題はどこに拠り所を求めるかでしょう。禅は仏教ですから、根本的な拠り所は、当然ながら、お釈迦様の教えにあるわけです。ところが、次のような過激な言葉を残している禅僧がいるのです。

「仏に逢うては仏を殺し、祖に逢うては祖を殺し、羅漢《らかん》に逢うては羅漢を殺し、父母に逢うては父母を殺し、親眷《しんけん》に逢うては親眷を殺し、始めて解脱《げだつ》を得ん」

臨済宗を開かれた臨済義玄《ぎげん》禅師がその人です。仏様（お釈迦様）も、祖師方も、高僧（羅漢）も、父母も、身内（親眷）も、みんな、みんな、殺してしまえ、というのですから、これは禅僧として、相当な〝問題発言〟です。

臨済禅師がここで標的としているのは、仏様をはじめとして、いずれも学ぶべき対象であり、薫陶《くんとう》を受けるべき対象です。仏様や祖師方、高僧の教えを学び、両親や身内の薫陶を受ける。そんななかで自分の拠り所も確固たるものになる、というのがふつうの考え方でしょう。

臨済禅師の真意はどこにあるのでしょうか。もちろん、学ぶこと、薫陶を受けることを否定しているわけではありません。そうつとめることが大切であるのは、重々、承知しておられるのです。

そのうえで、もう一歩進みなさい、というのが「殺し」の意味なのです。十分に学び、薫陶を受けたからといって、「これでよし」とそこにとどまっていてはいけない。

さらにそこから離れて、自分自身の内にほんとうの拠り所を見出しなさい、と臨済禅師はいっているのです。

どんなにありがたい教えも、薫陶も、表現は適切でないことをわかっていていうのですが、〝借り物〟です。〝本物〟は、やはり、自分の内に見出すしかないのだと思います。

その内なるほんとうの拠り所を臨済禅師は**「一無位《いちむい》の真人《しんにん》」**という言葉で表現されています。これは「本来の自己」、自分の内に備わっている、一点のくもりもない清らかな自分ということです。

それを拠り所にして、その本来の自己と出会い、向き合い、対話をしながら、人生をあゆんでいく。それが本来の生き方である、ということでしょう。

日常生活に照らしていえば、周囲にはさまざまな〝知恵〟や〝知識〟〝生きる指針〟といったものがあります。たとえば、成功者の人生訓などもそれにあたるでしょう。

それに触れるのはいいのです。しかし、

「なるほど、そうか。こういう考えを基にして、生きていくべきなんだな。これからはそれを実践していこう」

といったふうに、それをそのまま拠り所にしてはいけない、ということなのだと思います。より正確にいえば、本物の拠り所にはなり得ないということでしょう。それは、あくまで、本来の自己に出会うための、本物の拠り所を見出すための、（借り物の）知恵であり、知識であり、指針なのです。

拠り所は外に求めず、内に見出せ、です。

型があるから〝型破り〟になれる

↓基本はしっかり固める

いつの時代も若い世代には、既存の枠にとらわれたくない、既成の概念に縛られたくない、という傾向があるのではないでしょうか。それは停滞しがちな現状を打ち破るエネルギーになるでしょうし、新たなものを生み出す発想の源《みなもと》もそこにあるのかもしれません。

いってみれば、〝型破り志向〟ですね。しかし、型破りになるには、不可欠の前提があるような気がするのです。まず、型をしっかり身につける、基本を固める、というのがそれです。こんな言葉があるのをご存知ですか。

「守破離《しゅはり》」

茶道や華道など、日本の伝統的な芸事を学ぶ姿勢についていっている言葉です。その内容は次のようなことです。

芸事の修行は、まず、師匠が教えてくれる型を「守る」ことから始まる。研鑽《けんさん》を積んでその型を身につけたら、次は師匠の型をはじめ、ほかの型なども研究するなかで、既存の型を打ち「破り」、自分独自の型をつくりあげていくことができるようになる。そして、次の段階では、さらなる研鑽、鍛錬《たんれん》によって、型にとらわれることなく、型から「離れて」、自在にその芸事の世界を展開できるようになる。

ここにあるように、**型を破るには、基本となる型を徹底的に身につける必要がある**のです。基本を蔑《ないがし》ろにして、型を破りたい（自分の個性を打ち出したい、独創性を発揮したい）などというのは、どう考えても、無理な話なのです。

歌舞伎役者の故一八代目中村勘三郎さんは、こんな名言を残しています。

「型があるから型破り、型が無ければ、それは形無し」

芸事の世界にかぎったことではないでしょう。仕事においても、基本を身につけることが先決です。それができていないのに、型破りたらんとするのは、まさに、勘三郎さんがいう〝形無し〟でしかありません。

こんな人がいませんか。

「仕事でいちばん大事なのは自分の個性を出していくことじゃないか。それなのにうちの上司はなかなかその場を与えてくれないんだ。まったく、わかっていないんだから……」

「これからの営業は独創性が勝負だ。従来通りの営業にこだわっていたら、取り残されるだけだよ」

主張していることに間違いはありません。仕事で個性を発揮することにも、独創性に富《と》んだ営業をすることにも、誰も異論は挟まないでしょう。しかし、こうした主張が正当性をもつには、相応の「年季」が必要でしょう。

仕事のイロハがようやく飲み込めたという人が、あるいは、営業でやっと独り立ちできたばかりという人が、主張したとしたら、冷ややかに受けとめられるのは、必定です。

「おい、おい、そんなことをいうのは十年早いよ。いまは、まだ、まだ、やらなければいけない（基本的な）ことがたくさんあるだろう」

といった塩梅です。

仕事でスキルアップしていくうえで、型を破っていくことは必要でしょう。しかし、その時点で、破るべき型をきちんともっているかどうか。これは、必ず、見きわめなければいけません。

コロナ禍で考える時間が増えたという人は多いはずです。自分にはどの程度の型が身についているか、ぜひ、検証してみてはいかがでしょう。

プライドを削ぎ落とす

↓実績が活きる時機は必ずくる

プライドをもっているということは、概《おおむ》ねプラスに働くのだと思います。引き受けた仕事は、たとえ大きな壁にぶつかっても、プライドに支えられて、最後までやり通す、ということがあるでしょうし、プライドをもっているから、どんな仕事も手を抜かない、ということもあるでしょう。

しかし、プライドも一様ではありません。なかには、少々、やっかいなプライドもあります。自分の地位や肩書き、立場などに対するプライドがそれ。社会的に高いとされる地位や肩書き、立場にいる人が、それを失ったりすると、そのプライドがマイナスに働くのです。

コロナ禍のなかでは、たくさんあったのだと思いますが、たとえば、一流といわれる企業で、それなりのポストについていたのに、大幅な人員削減で失職したといったケース。そこでやるべきことは、すぐにも新しい仕事につくことのはずですが、プライドが邪魔をしてそれができなかったりする。

「仕事があるといっても、明らかに格下の会社じゃないか。そこまで身を落とす気持ちにはなれない」

というわけです。これもプライドには違いないのかもしれませんが、悪《あ》しきプライドというしかありません。そんなものは削ぎ落としてしまえばいいのです。わたしの知人の話をしましょう。

その人は若くして起業し、成功を収めたのです。ところが、しだいに経営が立ちゆかなくなり、ついには倒産ということになってしまった。そこからの動きは迅速でした。すぐに新聞の求人欄をあたり、いちばん目をひいたところに足を運んだのです。

求人広告を出していたのはさるキャバレーでした。面接でその人がいったのは次のようなことだったといいます。

「とにかく無一文になったわけですから、なんでもさせていただきます。どうぞ、よろしくお願いします」

採用されたその人の最初の仕事はトイレ掃除でした。その後も雑用がつづくのですが、そんななかでも、仕事をしていて自分が気づいたこと、〝改善案〟を上層部に提言するようにしたというのです。

オーナーとして会社を切り盛りしていた経験が活《い》きたのでしょう。提言は取り上げられるようになり、さらには優秀な人材であることが認められて、三年後には経営陣の一角に抜擢されたのです。その後独立され、いまでは企業のオーナーになっています。

さて、悪しきプライドに縛られて、次の動きがとれない人と、この人のように、(会社オーナーとしての)プライドなどさっさと削ぎ落とし、すぐに次の動きを始めた人とでは、どちらに好感がもてますか。

これは、いうまでもなく、後者でしょう。失職という危機での対応として、潔さも、清々しさも、感じさせるからです。それはそのまま、生き方の潔さ、清々しさでもある、といっていいでしょう。

会社を経営するなかで蓄積したキャリア、実績も、経営陣への抜擢という時機を得て、存分に活かすことができたのだと思います。

冒頭でも触れたように、プライドをもつことは大事です。**しかし、それ以上にプライドを削ぎ落とす〝とき〟を誤らないことが重要だと思うのです。**こんな言葉もあります。

「プライドを捨てる、プライドをもて」

自分のなかのプライドを捨てられない弱さに負けない心。それがほんとうのプライドかもしれませんね。

整理整頓にとことん取り組む

↓コロナ禍を奇貨とする禅の作法

コロナ禍で大きく変わったのが働き方、暮らし方です。それをどう受けとめるかは、誰にとっても避けられない課題となっています。

いちばん大きな変化は、家にいる時間が増えた、ということでしょう。それをこう受けとめる人がいる。

「コロナ以前は会社の帰りに同僚や友人と食事をしたり、酒を酌《く》み交《か》わしたりすることができた。それができなくなってしまって、時間をもてあましてしまう」

コロナ禍を〝負〟とする受けとめ方です。実際、友人や知人など親しい人と直接会えないことが、ストレスになっている人もいるようです。これは「人恋しい症候群」とでもいったらいい状態ですね。

しかし、もてあましてしまう時間は、どのような使い方もできる時間でもあるわけです。そこで、ひとつ提案です。この際、たっぷりある時間を使って、家の整理整頓にとことん取り組んだらいかがでしょう。

すでに、「方丈」での暮らしに象徴される〝簡素な暮らし〟のすばらしさについてはお話ししました（53ページ参照）。徹底した整理整頓は、そこに向けてのたしかな一歩であり、それは、**コロナ禍を奇貨《きか》として暮らしを理想（簡素）に近づける、禅の作法といってもいい**と思います。

整理整頓にあたって、まず、やるべきことは、各部屋の〝もの〟のチェック、仕分けです。玄関の収納（下駄箱）に、履《は》かなくなった履きものが並んでいませんか。キッチンには使わなくなった調理器具やカトラリーが居すわっていませんか。冷蔵庫のなかに、賞味期限切れの食材はありませんか。浴室に空になったシャンプーのボトルなどが、そのままになっていませんか……。

そして、洋服ダンスには袖を通さなくなった衣類が、ぶら下がっていたり、積み重なっていたりしませんか。

〝履かない〟〝使わない（使えない）〟〝いらない〟〝着ない〟ものは、すべて処分の対象です。ものの処分について、常々お話しさせていただいているのが、「三年見切り説」です。

たとえば、**三年間一度も着なかった衣類は、とっておいても、二度と着ることはありません。**履きものや調理器具などについても同様なのではないでしょうか。つまり、それらはスペースを占領しているだけなのです。

ですから、見切って処分する。玄関の三和土《たたき》に何足も出ていた靴が、〝履かない〟を処分することで、すべて収納スペースに収まったら、玄関まわりは格段にスッキリします。

すべての部屋、スペースについてもそうです。三年見切り説にしたがって処分していけば、居住空間全体がスッキリ片づいて、それまでよりずっと広く、心地よく、暮らしやすいものに変わるのです。

もちろん、なかにはほんとうに大事なもの、思い出深いものもあるでしょう。記念日に大切な人からプレゼントされたもの、両親から譲り受けたもの、自分へのご褒美《ほうび》として買ったもの……。

それらは**収納ボックスでも用意して、ていねいにそこに収める**ようにしたらいかがでしょう。まとめて収納しておけば、どこかに紛《まぎ》れ込んでしまうこともありませんし、いつでも取り出して、手にとることもできますね。

一度、大がかりな整理整頓をしましょう。余計なものがなく、スッキリ片づいた居住空間での暮らしの快適さを実感すると、不思議なもので、その後、必要以上にものが増えたり、散らかったりすることがなくなります。

四季を楽しむ暮らし方

↓季節感は生活を変えるポイントになる

いまはする人も少なくなって、国民の年中行事とはいえなくなっていますが、日本には「衣替え《ころもがえ》」という古くからの習慣があります。六月と一〇月にタンスの夏服と冬服を入れ替えるというものです。

季節外れになった衣類は、洗濯し、ほころびているものがあれば、それを繕《つくろ》って、収納し、季節の衣類をタンスに入れる、というのが衣替えの手順。人びとは衣替えをしながら、

「さあ、これから暑くなるぞ。うまく乗り切れるように心しておこう」

「寒さがやってくるなぁ。きちんと備えをしておかなくては……」

といったふうに、きたるべき暑さ、寒さに対する心がまえをしたのだと思います。それは、また、季節に合わせて生活を整えるポイントにもなっていたのでしょう。

このように生活のなかで季節を感じていくという、衣替えの〝精神〟は、現代の生活にも取り入れられると思いますし、取り入れることで暮らすことの楽しさが増す、という気がするのです。

住まいをベースにした暮らしを楽しむこと。それは「ウィズ・コロナ（新型コロナウイルス感染症とともに生きる）」時代の大切なテーマになるはずです。

季節を感じさせるものといえば、まず、食器かもしれません。たとえば、江戸や薩摩《さつま》の切子《きりこ》ガラス。切子の器に盛った素麺《そうめん》を、同じく切子の猪口《ちょこ》からツルツルとたぐる。まさしく、夏の暑さのなかに涼を感じさせる風景でしょう。季節感がたっぷりですね。

冬には厚手の陶器のごはん茶碗を使う。それだけでも、季節が冬であることが感じられますし、あたたかみのある茶碗の手ざわりは、心まであったかくしてくれそうではありませんか。

蕎麦《そば》処などでは、季節によって暖簾《のれん》をかけ替えているところがあります。夏は薄手の麻《あさ》の涼しげな色に染め上げられた暖簾、冬は厚手の綿《めん》の暖色系の暖簾、といった具合です。

これに倣《なら》って、ダイニングの入口に季節にふさわしい暖簾をかけたりすると、そこは季節感が流れ込む空間になるのではないでしょうか。

ほかにもいろいろ工夫ができそうです。

桜の花の一枝は春を、紫陽花《あじさい》の一輪は梅雨の季節を、紅葉《もみじ》の一葉は秋を、それぞれ住まいにもたらしてくれるでしょう。夏を感じさせてくれる季節グッズには、簾《すだれ》や葦簀《よしず》、風鈴などもありますね。

いま、暮らし方改革は必須です。住まいに季節感を取り入れることから、それに着手しませんか。

多欲でもつか、少欲でもつか

↓ものとの幸せな暮らし方

みなさんは、いったいどのくらいものをもっているでしょうか。おそらく、誰もが数えきれないほどのものに囲まれて生活しているのだと思います。しかも、あらゆるメディアからひっきりなしに商品情報が発信され、「欲しい」という思いをくすぐりつづけています。

そんな状況だからこそ、ものとどう向き合うかを、あるいは、もののもち方ということを、あらためて考えてみる必要があるのではないでしょうか。

「欲しい」という思いに衝《っ》き動かされるままにものをもつ。これは、欲を野放しにした〝多欲〟のもち方といえるでしょう。

その多欲の対極にあるのが〝少欲〟ですが、お釈迦様は多欲と少欲について、こうおっしゃっています。

「多欲の人は利を求むること多きが故に、苦悩も亦《また》多し。少欲の人は無求無欲なれば、則《すなわ》ち此《こ》の患《うれい》なし」

この言葉が書かれているのは、お釈迦様の最後の教えをまとめたとされる『遺教《ゆいきょう》経《ぎょう》』というお経ですが、意味は次のようなことです。

欲が多い人は、自分を利したいという気持ちが強いので、苦しみも、悩みも、多いのである。**欲が少ない人は、自分から求めたり、欲しがったりしないから、苦しみにも、悩みにも、とらわれることがない**のである。

ものも多欲のもち方をすると、悩んだり、苦しんだりすることになるのではないか、と思うのです。

〝自分を利したい〟という部分は、すごい人だと見られたい、素敵だと思われたい、と解釈することもできそうです。その気持ちが強いと、自分を飾り立てるものを買い漁《あさ》ったりすることにもなる。

ブランドものを次から次に買ったり、目について、「ちょっといいな。これをもっていると、みんなに羨《うらや》ましがられそう」と思ったものを後先を考えずに買ってしまったり、という具合です。もちろん、すべてが手に入るわけはありませんから、手に入らないことでストレスが高じ、それが悩みにも、苦しみにも、つながっていくわけです。

一方、少欲のもち方はどうか。ほんとうに必要なものを、慎重に吟味して買う、というのがそれにあたるのではないでしょうか。〝欲しいから買う〟と〝必要だから買う〟というのは、明らかに違います。

後者なら、たとえば、洋服ひとつ買うにしても、それが自分の必要性にかなっているかどうか、さまざまな点からチェックすることになるでしょう。素材はどうか、デザインはどうか、色はどうか、価格はどうか……。

時間をかけて吟味し、最終的に選んで、(必要性にかなうと)判断し、納得して買ったものは、当然、ていねいに、そして、大切に扱うでしょうし、そのものに対して愛着をもてると思うのです。ほかのものに目移りすることもなく、長く使っていくことになるはずです。

〝色が綺麗！〟〝デザインが可愛い！〟……などと、その場の「欲しい」という思いだけで、同じようなものをいくつも買うことには、間違ってもなりません。無闇にものが増えることはないわけです。

また、修理ができるものであれば、何度でも修理をして、最後まで使いつづけることになるのだと思います。

わたしは〝愛着〟という言葉が、もののもち方のポイントになる、と思っているのですが、**数は少なくても、愛着をもてるものに囲まれた暮らしは、幸せなものであるに違いありませんね。**

人脈をとり違えない

↓〝誠意〟と〝信頼感〟がキーワード

広い人脈をもつことはメリットになる。ほとんどの人がそう考えているのではないでしょうか。とりわけ、仕事においては人脈が大切です。人脈によって新しい仕事を得たり、難局を打開したり、キャリアアップしたり……といったことは珍しいことではないでしょう。

そうであるからか、人間関係を広げることに躍起《やっき》になっている人がいます。

「この人は、いつか顧客を紹介してくれそうだな。よし、うまくつながっておかなくては……」

「業界でかなり顔が利《き》く人のようだ。なんとかして、お近づきになれないかな」

つきあっておけば、〝利〟あり、〝得〟あり、と判断した相手には、とにかくアプローチをしていく。「腹に（利得に与《あずか》りたい、という）一物」があるわけですから、つきあい方も相手の歓心《かんしん》を買うものになるでしょう。

そうして、人間関係ができたとして、**それを人脈と呼べるでしょうか。**人脈の基盤になるのは、誠意であったり、信頼感であったり、するのではないかと思うのです。

それらが感じられない人とは、人脈が築かれるはずがありません。さて、歓心を買おうとして近づいてくる人に、誠意や信頼感や敬意が感じられるでしょうか。感じられるわけがないのです。なぜなら、歓心を買おうとする「腹」は、言動から見透かされるからです。

かりに、なにかの件で頼み事をしたとしても、

「いや、いや、あなたのことはそこまで存じ上げていないので、わたしはその任ではないと思いますよ」

と軽くあしらわれることになります。ただの顔見知り、すなわち、表面だけの人間

関係と人脈をとり違えてはいけません。

そんなとり違えをしていないか。ここは検証してみる必要があるかもしれませんね。自分がかかわりをもっている人について、いつも誠意をもって対応しているか、相手は自分に信頼感をもってくれているか。

厳しい検証になりそうです。

しかし、大丈夫。疑問符がついたら、あらためればいいのです。誠意に欠けているという検証結果であったら、それをあらためていく。信頼感を得ていないということであれば、それが得られるように努力をしていく。

いつからでも、自分を変えることはできますし、自分が変わることによって、相手との関係も変わっていきます。

この検証作業は、いわば、**人間関係の「棚卸《たなおろ》し」**です。そして、人脈をたしかなものにしていくために、避けて通れないのがこの棚卸しです。

「比較する心」は捨てる
↓軽々と生きるコツがそこにある

本章のはじめに「放下着」ということについてお話ししました（81ページ参照）。〝捨てる〟というのがその意味ですが、**ぜひ、捨てていただきたいのが、「比較する心」です。**

人はついつい、自分と他人を比べがちです。会社では同期に入社した人間と自分を比べることになったりする。

「（同期の）彼は営業の第一線でバリバリやっている。それなのに自分は地味な総務部でくすぶっている」

表舞台で活躍している同僚と裏方仕事に甘んじている自分を比べているわけですが、その比較がもたらすものはなんでしょうか。仕事のうえで差をつけられたという焦《あせ》り、自分が（ポストに）恵まれていないという嘆《なげ》き、もしかしたら、会社の人事に対する怨《うら》みもあるかもしれませんね。

いずれにしろ、**焦り、嘆き、怨み、どれもが心を重くするだけ**でしょう。プライベートでは隣家などが比較の対象になりそうです。

「お隣が新車を買った（お隣の子どもが有名校に合格した、ご主人が会社の役員をしている……）。わが家とはどうしてこんなに違うの」

こちらは羨ましさ、妬《ねた》み、惨《みじ》めさ、といったものにとらわれそうです。そうした感情も、やはり、心に重くのしかかります。

同僚や隣家と立場が逆であったら、少しばかり優越感をくすぐられるのかもしれませんが、それは空疎なものでしかありません。**世の中にはもっと〝上〟の人がいくらでもいる**わけですから、そんな優越感の裏にはいつも劣等感が貼りついているのです。

「比較の心」があるかぎり、心は重さを引きずりつづけます。

しかし、考えてみてください。他人と比較することで、なにかが変わるのでしょうか。なにか得られるものがありますか。

なにひとつないのです。同僚と比べてわが身を嘆いたって、自分がその立場になれるわけもありませんし、隣家を羨んだところで、わが家がその環境に変わることなどないのです。

きわめて当たり前のことですが、案外、そのことに気づいていないことが多いのではないでしょうか。**気づけばいい。ただ、それだけのことです。**気づいたら「比較の心」を捨てるのは容易《たやす》いこと、造作《ぞうさ》もないことです。

〝同僚は同僚、自分は自分〟〝隣家は隣家、わが家はわが家〟という思いでいられる。その思いで生きられるのです。わたしは、それが自分をまっすぐに生きることである、と考えています。

「相応」という言葉がありますが、人は比較などきれいさっぱり捨てて「自分相応」でいるのがいちばんいい、いちばん心が軽やかなのです。

さあ、さっさと心の重石《おもし》をとっぱらいましょう。

がまんは蓄える時間

↓自分磨きに精を出す

コロナ禍が広がって以降、誰もが胸深くに刻んだのは「がまん」という言葉だったのではないでしょうか。それまでのように仕事ができない、思うように友人（恋人）と会えない、行きたいところに自由に行けない……。

まさに、「がまん、がまん」の日々。

それぞれの年の世相を一文字で表現する「今年の漢字」の二〇二〇年版は「密」でしたが、二文字なら、「我慢」が筆頭候補だったかもしれません。

さて、そのがまんですが、わたしは〝二通り〟のがまんがあると思っています。

「二通りって、なにそれ？　もちろん、がまんの中身は人それぞれで違うと思うが、〝耐える〟という点ではみんな同じじゃないか」

そうでしょうか。ひとつはたしかに耐えることです。しかし、もうひとつ、前向きな積極的な、攻めのがまんがあると思うのです。その**時間を「蓄《たくわ》える」ためだ**と捉えるのがそれです。

リモートワークをしながら、

「いつになったら、オフィスで仕事ができるようになるんだ。帰りに〝一杯〟もずいぶんやっていないな。これじゃあ、滅入《めい》るばかりだよ」

というのは、耐える姿です。しかし、別の姿もあります。

「リモートワークになって、通勤時間分が自由に使える時間になったな。その二時間、本腰を入れて英会話を勉強しよう」

いかがでしょう。こちらは自分のスキルを高めている姿、地力を蓄《たくわ》えている姿ではありませんか。なにを蓄えるか、どう蓄えるかは、さまざまだと思いますが、耐える時間は蓄える時間ともなるのです。

蓄えることは、自分を磨くことである、といっていいでしょう。コロナ禍以前の仕事のやり方のなかでは、なかなか自分を磨くことが、できにくいという面があったのではないでしょうか。

就業時間が八時間としても、午前中から夕方まではオフィスにいるわけですし、退社後は飲み会などもあったでしょう。自宅に戻ってから就寝までの時間は、ゆっくり身体も心（頭）も休めて疲れをとるというのが、一般的なビジネスパーソンの生活パターンだったはずです。

そんななかで、自分磨きの時間をつくり出すには、相当強固な意志が必要だったでしょう。しかし、状況は変わっています。時間は十分にあるのです。それを、ただ、耐えることだけに費やしてしまうか、自分磨きに使っていくか、それはみなさんの気持ちひとつです。

いまこそ、生活にタガをはめよ

↓すべては「朝」にかかっている

一日、一日を大切に、充実して、また、心地よく、生きていくための基盤となるものはなんでしょう。わたしは**「規則正しい生活」**がそれだと思っています。当たり前すぎて〝つまらない〟と感じた人もいるでしょう。

しかし、ここは譲るわけにはいきません。規則正しく生活することが大切であることは、たしかに当たり前のことですし、それは誰でも知っています。しかし、その生活をつづけていくとなると、これがなかなかに難しいのです。

なぜなら、人は易《やす》きに流れやすい、すなわち、ラクなほうへ、ラクなほうへといきやすいからです。コロナ禍でそれを実感した人もいるのではありませんか。

リモートワークになったことで、出勤時間というしばりがなくなった。勤務開始時間ギリギリまで寝ていてもいいわけです。そこで、

「きのう遅かったから、午前中はダラダラしよう。仕事は午後から根《こん》をつめてやればいいや。なんとかなる、なんとかなる……」

ということになったりする。そして、いったん自分にそれを〝許して〟しまうと、易きに向かっての流れは加速します。その日の自分の気分が優先されて、仕事への取り組み方がどんどんいい加減になっていく、という具合です。

これは極端かもしれませんが、人には少なからず、そうした傾向があるのです。

「タガ（しばり）」が必要です。**自分で一日のリズムを決め、きちんと守っていく。**それがタガです。

リズムを決めるうえでポイントになるのは、なんといっても「朝」です。これはわたしの持論でもあるのですが、**朝の時間をどうすごすかで、その日がどんな一日になるかが決まる**のです。

朝、早い一定の時間に起きる。朝の時間を充実させる最大のカギがこれです。起きたら、大きく窓を開けて、夜の間に澱《よど》んでいた部屋の空気を入れ替えましょう。ベランダや庭に出て深呼吸をするのもいいですね。朝の空気はどの季節もフレッシュです。それをたくさん身体に取り込むことで、血液のめぐりがよくなって、身体も頭もめざめるのです。

洗面、朝食、仕事に入っていく態勢づくり……。実際に仕事に取り組むまでの流れも決めておくのがいいでしょう。**常に同じ流れでおこなうことで、リズムが定着するのです。**

もちろん、仕事開始の時間も決め、その時間になったら確実にその日の作業をスタートさせましょう。意識していただきたいのが昼食です。オフィスで仕事をしているときは、正午になったら休憩に入り、ランチをとっていたはずです。つまり、昼食をいつとるか、その時間が決まっていたわけです。

しかし、リモートワークでは自宅で昼食をとることになりますから、その時間がマチマチになりやすいのです。

「仕事に乗ってきたから、このままつづけよう。昼食は一段落してからだ」

ということになるわけです。その結果、昼食が午後二時になることがあったり、三時になることがあったりするかもしれません。それでは、一日を通してのリズムが崩れてしまいます。

昼食は毎日一定の時間にとる。これもリズムをつくるうえで、忘れてはいけない要件です。

リズムに沿った規則正しい生活をすることは、心にも頭にもいい影響をもたらします。こんな禅語があります。

「身心一如《しんじんいちによ》」

身体と心は一体のもので、分けることはできない、という意味です。一定のリズムを繰り返す規則正しい生活は、身体（健康面）を整えてくれます。それが、そのまま心（頭）も整えるのである、と禅語はいっています。

タガをはめると、意欲をもって、集中力を高めて、仕事に取り組めます。

心地よく暮らす工夫を凝らす

↓ストレスを引きずらない禅の妙法

家族それぞれが心地よく暮らす。それは、「ウィズ・コロナ」時代の必須テーマである、といっていいと思います。

心地よさの大敵はストレスです。もちろん、家族一人ひとりで、抱えているストレスは違うでしょうし、その解消方法もさまざまでしょう。しかし、**どんなストレスにも有効な〝万能薬〟がひとつあります。**

坐禅《ざぜん》です。家族全員が心地よく暮らすために、いっしょに坐禅に取り組みませんか。

心地よさの源は穏やかな心です。その心になるための方法として、坐禅にまさるものはないのです。

ただし、ひとつ断っておかなければならないことがあります。本格的に坐禅を身につけるには、禅僧の指導を受ける必要がある、というのがそれです。ですから、ここで紹介するのは、簡素化した坐禅、別のいい方をすれば、坐禅の要素を取り入れた、家族でできるストレス解消法になります。

坐禅で大切なのは「姿勢」と「呼吸」です。ここからは、お子さんでも取り組みやすいように、椅子にすわっておこなうという設定で説明していくことにしましょう。

まず、姿勢ですが、(背もたれに背中をつけないように)椅子に浅く腰かけて、骨盤を立て、背筋をまっすぐ伸ばします。下腹を前に突き出すのがポイント。そうすることで、骨盤が立ち、背筋が伸びます。

自分では、少し、〝そっくり返っている〟感じがするかもしれませんが、それが正しい姿勢です。

床につけている両足の間隔は肩幅と同じくらいか、それより少し広めにしてください。

姿勢については、家族でチェックし合うといいでしょう。いろいろな方向から見ながら、「もう少し背筋をまっすぐ」「ちょっと身体が右に傾いているから直して」……というふうにして、正しい姿勢をつくっていきましょう。

正式な坐禅では、手を「法界定印《ほっかいじょういん》」というかたちに組むのですが、ここでは左右の指を組んで、自然に下腹のあたりに置くということにしましょう。

視線は一メートルくらい前方の床に落とします。

姿勢が整ったら呼吸です。おなかの底（丹田《たんでん》＝おへその下約七・五センチの位置の体内空間）の空気を全部吐き出すつもりで、鼻から大きく息を吐きます。吐き切ったら、自然に空気が入ってきますから、吸うことを意識する必要はありません。吸った空気もおなかの底まで落としましょう。

この呼吸を繰り返すのですが、はじめは五分くらいで十分です。慣れてきたら一〇分、一五分……と時間を延ばしていきましょう。

小さいお子さんがいる場合は、〝遊び感覚〟でおこなうのがいいと思います。わたしも雲水修行時代に、保育園や幼稚園に坐禅の指導に行ったことがありますが、

「さあ、いっしょにすわろうね。背中はまっすぐだよ、そう、そう。じゃあ、大きく息を吐くよ。おなかの空気を全部鼻から出しちゃおうね……」

といった感じで誘導すると、案外、できるようになるものです。そのとき、園の先生にうかがったのですが、坐禅（ごっこ）をした後は、子どもたちが喧嘩をしなくなるのだそうです。

こまかいところまではできなくても、**姿勢を正しくして、大きく、深い呼吸をすることで、気持ちがスーッと安定して、心が穏やかになる**のだと思います。

家族のコミュニケーション、スキンシップという意味合いで、ぜひ、〝坐禅〟を実践してください。

「三毒」から離れよ

↓心のデトックスをしよう

仏教に「三毒」という言葉があります。人を迷わせ、悩ませ、苦しめる根源的な煩悩のことで、**「貪《とん》」「瞋《じん》」「癡《ち》」**の三つがそれです。

「貪」はむさぼること、飽くことなく欲しがることです。また、「瞋」は怒ること、感情をぶつけること、そして、「癡」は愚かなこと、無知で道理をわきまえないことです。

毒薬は身体をむしばみ、死にいたらせることがありますが、この三つは心をむしばみ、人としての心を失わせることから、三毒と呼ばれるのです。**仏教は三毒を「克服**

しなければいけない煩悩の最たるもの」としています。

〝毒〟という言葉が強烈であるからか、自分とは縁がないと考えるかもしれませんが、三毒はきわめて身近なものなのです。

友人が素敵な洋服を着ていたら、「いいなぁ。わたしもあんなのが欲しい」と思うことがあるでしょう。むさぼりの心＝「貪」がうごめき始めています。あるいは、出世した友人を「羨ましい」と思う。これも見方をちょっと変えたら、その地位や立場を〝欲しがっている〟ことになりませんか。

機嫌が悪いときには、その機嫌の悪さとはなんの関係もない人に、つい、あたってしまうということがないでしょうか。「瞋」にとらわれています。

議論や話をしているなかで、主張した自分の意見が間違っていることに気づいたのに、あらためることができず、それに固執してしまう。誰にでも、そんな経験はありそうですね。これは、愚かなこと＝「癡」だと思うのです。

そう、日常のなかに三毒が顔を覗かせる場面はいくらでもあるのです。デトックス(毒の排除)が必要です。しかし、むさぼらないでいよう、怒らない自分になろう、愚かさに陥《おちい》らないようにしよう、と考えているだけではだめです。**行動しなければ、三毒にとらわれやすい心の在り様は変わりません。「禅即行動」という言葉があるように、禅の本道は行動することにあるのです。**

欲しがる心から離れるには、すでにお話しした「知足」（75ページ参照）を実践することです。「いまのままで、いまあるもので、十分ありがたい」という気持ちを常にもって行動していく。

なにかを「欲しい」と思ったとしても、いったん時間をあけて、「知足《ちそく》」の気持ちに立ち戻るようにしていけば、なにがなんでも手に入れるという行動は抑えることができるでしょう。「貪」につかまらないですむのです。

怒りに駆られそうになったときは、とにかく深呼吸をして、文字どおり、ひと呼吸おく。これは禅の手法で、「怒りを頭に上げず、腹におさめる」といういい方をしますが、間をとることで、怒りは鎮《しず》まっていきます。

間違っていることがわかっていながら、それを率直に認めることができず、あらためることもできないというケースは、次の二つの言葉を強く意識していったらいかがでしょうか。

「過ちては則《すなわ》ち改むるに憚《はばか》ること勿《なか》れ」

「過ちて改めざる、これを過ちという」

前者は、**自分が過っているときは、躊躇《ためら》うことなく、すぐに、あらためればいいのである**、ということ。後者は、**過っているのに、あらためることができないのが、ほんとうの過ちである**、ということです。

二つの言葉を自分で紙に書き、目につくところに貼っておくのもいいですし、心のなかで唱えるようにするのもいいでしょう。どちらも行動することです。

人は、欲しやすく、怒りやすく、愚かなことをしてしまいがちです。しかし、それらから離れることができるのも、また、人のすぐれた特性なのです。行動によって、一歩、また、一歩、離れていきましょう。

見返りを求めない、期待しない

↓人間関係を軽くしよう

人を悩ませたり、心配にさせる、いちばんの要因は人間関係にあるといわれます。たしかに、悩みや心配事の多くは、人間関係に絡んでいるという気がします。会社の上司との折り合いが悪くて悩んでいる人は少なくないようですし、友人との関係がうまくいかなくなったら、それが心配事のタネにもなるでしょう。

なぜ、人間関係は悩みや心配事の〝もと〟になるのでしょうか。それは人間関係のなかでは、しばしばある「思い」が生じるからではないでしょうか。

相手に期待する思い、相手からの見返りを求める思い、がそれです。

会社の上司に対しては、

「こんな上司であって欲しい」

「自分をこんなふうに見てもらいたい」

「この部分をちゃんと評価して欲しい」

といった期待をもちがちです。しかし、必ずしもそうはなりませんね。自分が好ましいと考えている〝上司像〟を無残に打ち壊す言動をすることはあるでしょうし、自分が受けて当然だと感じている評価を、上司がまったくしてくれない、ということも珍しくはないでしょう。

つまり、期待に応えてくれないわけです。それが悩みにつながる。

「自分をぜんぜん理解してくれない上司の下で仕事をするのはつらい。こんな状態をつづけていていいのだろうか……」

といった具合です。**悩みのもとは、相手に期待する思いです。**

その思いを戒《いまし》めているのが『徒然草《つれづれぐさ》』の作者である吉田兼好《けんこう》です。同書のなかにこんなくだりがあります。

「万《よろず》の事は頼むべからず。愚かなる人は、深く物を頼む故に、怨み、怒る事あり」

その意味は、なにごとも期待してはいけない。愚かな人は、深い期待を抱くから、(それに応えてくれないと)怨んだり、怒ったりすることになるのである、ということです。

相手に対する怨みや怒りは、関係を悪化させますし、その悪化した関係が自分を悩ませるのは、必然の構図といっていいでしょう。

見返りについてはどうでしょうか。誰かになにかをしてあげたとき、今度はその相手が自分になにかをしてくれると思う。それが見返りを求めるということです。しかし、これも、相手がその思いに応えてくれるとはかぎりません。

身近な例でいえば、恋人に一万円の誕生日プレゼントを贈ったという場合、自分の誕生日には同額か、あるいはそれ以上の金額のプレゼントが返ってくる、と思ったりするのではないでしょうか。

しかし、実際に贈ってもらえたのはどう見ても〝格下〟のプレゼントでしかなかったとしたらどうでしょう。

「なんだよ、これ。あれだけのことをしてあげたのに、これはないんじゃないか。裏切られた気持ちだな」

ということになるのではありませんか。そこから相手との関係がギクシャクして、心配事になっていくことは大いにありそうです。こちらも、心配事のもとは、見返りを求める、その思いです。

こんな言葉があります。

「刻《こく》石《せき》流《りゅう》水《すい》（受けた恩は石に刻み、かけた恩は水に流せ）」

自分が受けた恩（してもらったこと）は、石に刻んでいつまでも忘れずにいなさい、その一方で、自分がかけた恩（してあげたこと）は、水に流すようにすぐにも忘れなさい、ということです。

「見返りなど求めるな！」という一喝に聞こえませんか。

「放下着」という禅語を思い出してください。**期待する思いも、見返りを求める思いも、すっぱり捨てる。**すると、人間関係はずっと、風通しがよく、軽やかなものになります。

自分がよくなる禅の鉄則

↓「利他」の心を身につけよう

自分が成長していきたいと願わない人はいないでしょう。しばらく会わなかった人と久しぶりに顔を合わせて話をした折などに、

「ずいぶん大きく（大きな人間に）なられましたね。この間、どのように生きてこられたかがわかりますよ」

といった言葉をかけられたら、心からうれしく思うのではないでしょうか。自分の成長が認められたと感じられるからです。では、成長していくためには、よりよい自分になるためには、なにが必要でしょう。

もちろん、努力や辛抱といったことも、成長のためには不可欠でしょう。しかし、禅はそれ以上に大事なものがあると考えます。

「利他」の心です。自分のことより、まず、人のことを考える。自分のためより、人のためになることをする。それが利他の心です。禅はそれを自分がよくなるための鉄則とするのです。

「諸法無我《しょほうむが》」という言葉については、もう、みなさん知っていますね。すべてのものは、関係性によって存在しているということです。これは、仏教の根幹的な考え方ですが、利他も当然この考え方につながっています。

仕事を例にとって考えてみましょう。利他の心で仕事をするとはどういうことでしょうか。たとえば、メンバーの一人としてプロジェクトに参加したとします。そこで、こんな思いをめぐらせる人がいるでしょう。

「これはチャンスだ。ここで認められたら、必ず、もっといい仕事に抜擢《ばってき》される。よし、自分を最大限にアピールするぞ」

自分が認められること、自分が際立つことを第一に考えているわけです。プロジェクトチームのなかでの仕事ぶりも、〝目立つ〟ことを意識するようになるでしょうし、ほかのメンバーのサポート的な役割をみずから進んですることもないでしょう。それが周囲からどう見られるか。たぶん、こうなります。

「彼はスタンドプレーが過ぎるよ。一人でこのプロジェクトを担っているような気になっているんじゃないか。いっしょには仕事がやりにくいな」

チーム内で浮いた存在となり、チームの和を乱すことにもなりそうです。これでは、プロジェクトが成功しても、より高いレベルの仕事に抜擢されることはないでしょう。つまり、自分がよくはなれない。自分の成長にはつながらないのです。

一方、自分をアピールすることは差し置いて、ほかのメンバーのサポート役にも、黒子《くろこ》的な仕事にも、骨身を惜しまず取り組み、チームへの貢献を最優先する仕事ぶりだったらどうでしょう。

そんな姿を周囲は必ず見ています。そのときプロジェクトのリーダーをつとめた上司から、後日、

「今度新しいプロジェクトをスタートさせることになった。会社にとっては重要なプ

ロジェクトだ。きみには、ぜひ、メンバーに加わってもらいたい」

といった話がある可能性は大きいはずです。自分よりチームを、チームのメンバーのことを考え、チームのため、メンバーのために、できることをしていこうとする利他の心が、その結果をもたらしたのです。

重要プロジェクトへの参加が、自分をよくして（高めて）くれるもの、成長させてくれるものであることは、いうまでもないでしょう。

利他の心は、自分を犠牲にして、他に尽くすことではありません。**他のためになにかができる自分であることによって、他が自分によりすばらしいものをもたらしてくれる、**という流れをつくる心の在り様なのです。

第4章──図太さと鈍感力だけあればいい。

とどめない習慣をつける

↓その場に置いていくという発想

人はものごとを引きずりやすいものです。もちろん、生きるうえで拠り所にしている思いや信念、信条などは、ずっと心にとどめておくべきですが、些細《ささい》なこと、とるに足らないものは、心にとどめず、流していくのがいいのです。

その典型的なものは、世間の評判や噂話かもしれません。世間はとかく無責任にさまざまな評判を立てたがるものですし、噂話の類《たぐ》いもほとんど垂れ流し状態といっていいでしょう。

しかし、そうはいっても、評判の対象になったり、噂話の標的になったりした本人は、やはり、そう達観してはいられない、心穏やかでいられなくなって当然といえます。

「彼はこれまでずいぶん仕事を変えているみたいね。ぜんぜん腰が落ち着かないというか、ふわふわした軽い人間なのよ」

「彼女って、異常な締まり屋なんだってね。とにかくケチで、自分のお金ではコーヒー一杯飲まないらしい」

ここまで悪《あ》し様《ざま》ではないにしても、自分に関するよからぬ評判、悪しき噂話が耳に入ってきたら、右から左にサラリと聞き流すことはできないでしょう。「ひどいな」「つらいわ」という思いをいつまでも引きずって、悩んだり、苦しんだりすることになるかもしれません。

しかし、この種の評判、噂話といったものは、たいがい些細なことですし、とるに足らないものなのです。**そうであったら、〝とどめない〟〝流してしまう〟のがいちばんの対処法**だと思いませんか。

「たしかにそうだが、いうは易く、おこなうは難し、じゃないか」

そう感じた人が少なくないかもしれませんね。頓知《とんち》の名手として知られる一休さん、一休宗純《そうじゅん》禅師にまつわるこんなエピソードがあります。

あるとき、一休さんが弟子を連れて街に出かけます。用事を終えて寺に帰る道すがら、通りにある鰻《うなぎ》屋さんから、鰻を焼く香ばしいにおいが漂ってきます。一休さんが呟《つぶや》きます。

「旨《うま》そうなにおいだな」

寺に戻ってから釈然としない気持ちになったのがお供をした弟子です。

「仏様に仕える身でありながら、鰻のような生臭物を『旨そう』などといってよいものだろうか。ここは、お師匠様を問い質《ただ》すしかない」

弟子は一休さんに詰め寄ります。弟子の話を聞いた一休さんは、こともなげにこう答えたのでした。

「おまえは、まだ、あの鰻のことを考えているのか。わしは（鰻への思いなど）その場に置いてきたわ」

漂《ただよ》ってくる鰻のにおいに、その瞬間「旨そう」という思いをもつのは、当然であるし、いっこうにかまわない。しかし、その思いをいつまでも引きずってはいけない。思いはその場に置いてくる。それが禅の正しい姿である。この問答がいっているのは、そういうことだと思います。

この禅の発想、ヒントになりそうです。

世間の評判や噂話、あるいは、ほかのさまざまなことで、**つらい気持ちになったり、心が騒ぐことがあったりしても、その思いはその場に置いていけばいい**のです。置いてしまったら、とどまることなく、自然に流れていきます。

〝その場〟に置くためには、〝この場〟に集中すること、〝この場〟で一生懸命になることです。大事なものは〝この場〟、すなわち〝いま〟にしかありません。

デマ、フェイクニュースを見抜く

↓疑うことの大切さを知る

情報がまだかぎられていた時代には、メディアの数も絞られていましたし、メディア側も発信する前に情報の内容を精査し、最大限精度を高めて受け手に届けていたのだと思います。受け手側にも情報に対しての信頼感があったのです。

しかし、現在はインターネット、ＳＮＳという新メディアが主流の発信元になっています。個人が、いつでも手軽に、どんな内容の情報でも、発信できるわけです。ガセ、デマ、フェイクが入り込んでくるのを防ぐ有効な手立てはない、というのが実情ではないでしょうか。

そこで求められるのがメディアリテラシー（情報の真贋《しんがん》を見きわめ、取捨選択し、活用する能力）です。その基本は受けとる情報を限定することでしょう。つまり、やたらに情報をとりにいかない。入ってくる情報の入口を締めるのです。

それが情報に振りまわされないための「一の矢」です。そして、「二の矢」となるのが、〝疑《うたが》ってかかる〟ということです。これは日本人にとって、苦手なことかもしれません。

なぜなら、疑わないのが日本人の気質でもあるからです。人を疑ったら申し訳ない、失礼にあたる、疑う自分が情けない……。どこかにそんな思いがあるのです。その気質は美徳でもあると思うのですが、この高度情報化時代に情報に向き合ううえでは、マイナスにしか働きません。

疑うことの大切さを知ってください。臨済宗中興の祖といわれる白隠慧鶴《えかく》禅師が、すでにそのことを指摘しています。

「疑わざる、これ病なり」

この言葉、疑うことの必要性をいっているようにも受けとれますね。たしかに、どんなことであれ、それが正しいということをたしかめるには、疑うというプロセスが必要なのかもしれません。作家の曾野綾子《そのあやこ》さんもこんなふうにいっています。

「信じるということは、疑うという操作を経た後の結果であるべきだ。疑いもせずに信じるということは、厳密にいうと行為として成り立たないし、手順は省《はぶ》いたという点で非難されるべきである」

こちらは、疑うことの論理的正当性をいっているというところでしょうか。

いずれにしても、〝狭い入口〟から入ってきた情報は、疑うことから真偽の判別をおこなうのがいい、ということになりそうです。ここでの〝疑う〟の意味は、入手した情報から少し距離を置いて、目線を離して、客観的に見るということだと思います。

そうすることによって、冷静に判別できるのです。

「すごい耳寄り情報だと思ったが、よくよく考えたら、いまの情勢で、そんなことは、まず、あり得ない。これは相当に〝盛《も》っている〟情報だな」

という具合です。「疑わしきは罰せず」という言葉がありますが、情報は「疑わしきは取り入れず」でいきましょう。

不動心はブレない心ではない

↓しなやかに、しなやかに、受けとめる

日々、いろいろな経験を積み重ねていく過程。それが人生のあゆみといっていいでしょう。経験のなかには心が躍るようなうれしいもの、楽しいもの、感動的なもの、幸福感に満たされるものもあるはずですし、その反対に、悲しみや寂しさ、苦しさ、つらさ、切なさをもたらすものもあるでしょう。

それらは心を揺さぶらずにはいません。うれしくて有頂天になる、悲しくて気持ちがひどく落ち込む、感動で胸がいっぱいになる、苦しさで胸にやりきれなさがあふれる……。

さまざまな感情が湧くのは生きている証《あかし》ですから、そのときどきの感情で心が振れるのは仕方がないのです。しかし、振れ幅があまりに大きかったり、いつまでも振れたままでいるのはどうでしょうか。これはちょっと困ります。感情に振りまわされている状態だからです。

「そうか、感情にはできるだけ動かされないほうがいいってわけだ。その究極が〝不動心〟というやつか。なにがあってもブレない心。最高の心の在り様が、その不動心なのだな」

たしかに、不動心はすばらしい心の在り様です。（たとえば、コロナ禍のように）世の中がざわついているとき、人びとが浮き足立っているときに、いちばん頼りになるのが不動心である、といっても過言ではないかもしれません。

しかし、不動心はどんなときにもブレない心、なにがあっても微動だにしない心、ではありません。もっとしなやか。そう、**不動心はもっと、もっとしなやかな心の在り様なのです。**

弾力性のある竹を思い浮かべてみてください。風が吹いてきたら、竹はその方向にたわみます。しかし、いつまでもたわんだままでいるわけではありません。風がやめば、もち前のしなやかさで、すぐさま元の位置、あるべきところに戻ります。

わたしは、不動心とはそういうものだと思っています。感情によってたわむこと、すなわち、その感情の方向に振れることはあるのです。しかし、そこにとどまっていることはない。しなやかさをもって、あるべきところに戻ってくる。それが不動心でしょう。あるべきところとは、いうまでもなく、平常心、安定した、穏《おだ》やかな心ですね。

こんな禅語があります。

「八風吹不動《はっぷうふけどもどうぜず》」

人生にはよい風が吹くこともあれば、悪い風が吹くこともある。しかし、どんな風が吹くときも、いたずらに動じない心でいるのがいい、そういう心でいなさい、ということです。八風とは人生で人が遭遇する、心が動かされやすい状況のことで、「利《り》(利益)」「衰《すい》(衰退)」「毀《き》(陰口)」「誉《よ》(名誉)」「称《しょう》(称賛)」「譏《き》(悪口)」「苦《く》」「楽《らく》」の八つがそれにあたります。

利益があるとなれば興味に衝《つ》き動かされ、衰えからは離れたいと思う。褒められればうれしくなり、陰口を叩かれれば腹が立つ……。それが人の心というものでしょう。しかし、**心が一瞬そう動いても、すぐさま元に戻ることが大切である、**とこの禅語はいっています。

そのために必要なのは、どんな状況も真っ正面から受けとめることだ、とわたしは思っています。**真っ正面から受けとめるから、しなやかさが十分に働く**のです。斜に受けとめたら、そのぶん、しなやかさは減じられます。

状況をかわさず、状況から逃げず、いつも真っ正面で受けとめるようつとめて、八風にも動じない心、不動心を鍛えていきましょう。

不幸は悲しい顔にやってくる

↓笑顔の基本は「挨拶」にある

幸不幸（主に不幸のほうですが……）を運命論的に語る人がいます。

「自分が幸福になれないのも仕方がない。きっと、そういう星のもとに生まれているのだ」

これがその典型的な例でしょう。実際、なにをやってもうまくいかない、人生ここまで躓《つまず》くことの連続、不幸を背負い込むばかりで、幸福感などいまだかつて味わったことがない、という人はいるのかもしれません。

しかし、かりにそうした人生の途上にいるのだとしても、幸不幸を運命に帰するのは、少し違うのではないかと思うのです。幸福も不幸も、みずからの内にあり、です。

不幸について、わたしはこんなふうに考えています。

「不幸は〝悲しい顔〟の人にやってくる」

〝悲しい顔〟は、文字どおり、悲哀の表情はもちろんですが、ここでは、**不機嫌そうな顔、つらそうな顔、気難しそうな顔、不平、不満のある顔**……なども含んだ、**負の表情を象徴するもの**としてもちいています。

そうした人の周囲に人は集まりません。それらの表情を見ている側には、そばに行くのは遠慮したい、できればかかわりたくない、話しかけるのが躊躇《ためら》われる、といった心理が働くからです。

人との結びつき、ご縁になかなか恵まれないのです。それが、幸福を遠ざけることになるのではないでしょうか。なぜなら、**幸福のほとんどは人とのご縁のなかで感じられるもの**だからです。

人のやさしさ、思いやりに触れて幸せを感じる、人といっしょになにごとかをなし遂げて幸福感を味わう、人の幸せな姿が自分も幸せにしてくれる……。幸福をもたらしてくれるのは、やはり、人とのご縁だと思いませんか。

ご縁に恵まれず、孤立感を深めていったのでは、幸福は離れていくばかりです。あえていってしまえば、不幸と背中合わせに生きているといういい方をしても、あながち的外《まとはず》れではないでしょう。

〝悲しい顔〟の反対にあるのが笑顔です。こんな禅語があります。


「和顔愛語《わげんあいご》」


「和顔」は和《なご》やかな笑顔のある表情、「愛語」は相手を慈《いつく》しみ、思いやりをもって投げかける言葉のことですが、いつも和顔でいられる人は、自然に周囲に人が集まってきますし、心を開いてくれるのも早いと思うのです。

たくさんのいいご縁をいただけるのです。それは、必ず、幸福につながっていくはずです。たとえば、そのご縁のなかの一人が真に心を通わせ合うことができる、かけがえのない存在になったとしたらどうでしょう。

無二の親友がいる人生が幸福なものであることは、あらためていうまでもありませんね。

和顔愛語の実践を、「挨拶」から始めてはいかがでしょうか。明るく、大きな声で、和やかな笑顔で、「おはようございます（こんにちは、こんばんは）」と、いつも自分から挨拶をしていく。

ご縁の端緒を開くのに、それほど効果的な行動はありません。もちろん、挨拶の言葉（おはようございます、こんにちは、こんばんは）はどれも、とてもシンプルで素敵な愛語です。

さあ、〝悲しい顔〟はすぐにも返上しましょう。和顔愛語の実践を心がけ、幸福をひとつずつ、手に入れていきましょう。

着眼で逆境に道を開く

↓固定観念を超えた発想

世の中が停滞しているとき、あるいは、下降線をたどっているとき、そこからいち早く抜け出すために必要なものはなんでしょうか。コロナ禍による経済的ダメージがどのくらいの規模になるかは、いまだ予測がつかない段階にありますが、多くの業界、業種が抜本的な立て直しをはからなければならなくなるのは明らかです。

そんなコロナ禍真っ直中に、活路を見出した企業があります。金属加工を専門とする町工場がそれです。その会社はある商品を新たに開発して、大ヒットにつなげたのです。

チタン製のフックがその商品です。コロナ禍で人びとがまず怖れたのが、接触による感染でした。この社会には不特定多数の人が、繰り返し〝触る〟ものがあります。代表的なものが電車やバスの吊革《つりかわ》や手すり、エレベーターや押しボタン式信号機のボタンでしょうか。

それらに触るのが怖い、できれば触りたくない、というのが人びとの心理ですが、その会社は、そうした心理から〝ニーズ〟を掘り起こしたのです。吊革や手すりに引っかけるフックがあれば、直接触らなくてすむ。フックでボタンが押せれば、こちらも触らなくてすむ。

そこで、その〝触らなくてすむ〟というニーズに応える、抗菌性にすぐれたチタンを素材にしたフックを開発したわけです。

注目すべきはその卓越した着眼力でしょう。その時代、その情勢のなかでなにが必要とされているか。広い視野からそれを考えたのです。

その会社はフックを手がけたことはありませんでした。〝これまで自社でつくってきた商品〟という狭い視野にとらわれていたら、フックを開発するという発想は生まれなかったでしょう。

その固定観念をとっぱらい、時代全体、社会の情勢全体を広く見渡したからこそ、フックというものに着眼できたのだと思います。あとは培ってきた技術とリンクさせるだけでした。

同じような金属加工の技術をもっている会社は、ほかにもたくさんあるはずです。そのなかから、その会社が一歩抜きん出ることができたのは、**広い視野、固定観念に縛られない柔軟な発想に裏打ちされた、すぐれた着眼力をもっていたから**である、といっていいのではないでしょうか。

厳しい状況に置かれると、どうしても視野が狭くなりがちです。その結果、袋小《ふくろこう》路《じ》に入り込んでしまったようになって、身動きできなくなるのです。視野を広げましょう。そうすることで、固定観念から自由になり、着眼力が動き出すのです。

謙虚さで「魔」を追い払う

↓勝って驕らずを心がける

人生には好調時と不調時が繰り返しめぐってきます。みなさんは次の言葉をご存知でしょうか。

「人間《じんかん》万事塞翁《さいおう》が馬」

人生では幸福と不幸がいつ入れ替わるかもしれない。幸福が不幸に、不幸が幸福に、突然、転じるのが人生である、ということですね。好不調もまた同じ。好調時だけがつづく人生はありませんし、いつまでも不調時から抜け出せない人生も、また、ありません。ただし、実感としては、

「好調のときなんてそんなにはない感じ。不調のときがはるかに長い気がする」ということかもしれません。それだけに、(数少ない)好調の波がくると舞い上がってしまうことにもなりやすいのです。

「よぉし、やっと日の目を見るときがきた！　ここが勝負どきだ。この波に乗って一《いっ》気呵成《きかせい》に攻めていくぞ」

というわけです。これが危ない。**自分が絶好調だという高揚感は、往々にして驕《おご》りにつながる**からです。いまの自分ならなにをやってもうまくいく。いまの自分には怖いものなどない、という心に支配されてしまうのです。そこに隙《すき》が生まれます。

世の中には、仕事で成功した、大金を掴んだ、といった人のまわりに、大勢取り巻きが集まり、さまざまな話をもちかける、というケースが少なくありません。なかには巧みな甘言《かんげん》を弄《ろう》して、騙《だま》そうとする手合いもいるわけです。心に隙があるとそれに引っかかることにもなります。

こんな諺《ことわざ》もあるではありませんか。

「好事魔多し《こうじまおおし》」

ものごとがよいほうにまわっているときほど、（邪）魔が入りやすい、という意味。好調に有頂天になることによって生じがちな驕りの心は、魔に見入られやすい、魔に対して無防備なのです。

最良の防備網は「謙虚さ」です。勝って驕らず、という言葉がありますが、まさに、その心のもち方が謙虚であるということでしょう。成功したら、よりいっそう自分を律することにつとめる。好調がつづいているときこそ、控えめに、控えめに、身を処していく……。

そこに魔がつけいる隙はありません。また、謙虚な心でいたら、かりに状況が不調に転じたとしても、それに耐えてがんばっていける。勝って驕らずの心は、負けて腐らずの心と一対だからです。

古くからある日本の国の別称をご存知でしょうか。「瑞穂《みずほ》の国」がそれです。瑞穂はたわわに実ったみずみずしい稲穂のことです。その瑞穂の国の民として、次の言葉を胸に刻んでおきませんか。

「実るほど　頭《こうべ》を垂れる　稲穂かな」

禅僧はみな図太い

↓心配事、不安には鈍感であっていい

心配事や不安はやっかいです。いったんそれらにとらわれると、どんどんふくれあがっていくことになるからです。夜、ふっとよぎった心配事や不安が、心いっぱいに広がって、まんじりともしないまま朝を迎えた、といった経験は誰にでもあるのではないでしょうか。

心配事や不安に関していえば、禅僧はそれらに対して〝鈍感〟です。あまり、とらわれることがないのです。その意味では、禅僧はみな図太いといういい方ができるかもしれません。

鈍感でいられる理由は、禅の考え方にあります。その考え方の由来となっている、禅宗の初祖である達磨《だるま》大師と第二番目の祖である二祖慧可《にそえか》にまつわるエピソードを紹介しましょう。

慧可が達磨大師に尋ねます。

「わたしはいまだに心が不安で仕方がありません。どうか、わたしの心を安らかにしてください」

それに対して達磨大師はこういいます。

「そうか。ならば、不安で仕方がないという、おまえの心とやらをここにもっておいで。そうしたら、安心させてやろう」

慧可は必死になって不安な心を探します。しかし、いくら探しても見つかりません。そこで、そのことを率直に大師に告げます。

「不安な心をとことん探しましたが、どうしても見つからないのです」

すると、大師はいうのです。

「ほら、おまえの心を安心させてやったぞ」

これは「達磨安心《だるまあんじん》」という公案（問答）ですが、どう解釈すればいいのでしょう。

眼目は、いくら探しても不安は見つからないというところにあります。見つからないのは、不安に実体がないからです。つまり、不安は自分の心が勝手につくり出しているにすぎないのです。そのことに気づくことが大切です。不安に実体がないとわかったら、それは、そのまま、安心につながりますね。

心配事も不安も、心の産物であって実体などない。その禅の考え方に立てば、無闇にそれらにとらわれることも、悩まされることも、なくなると思いませんか。これが、心配事や不安に対する、禅僧の鈍感力の秘密、図太さの所以《ゆえん》です。

現在の状況下で〝心配事〟〝不安〟を抱えている人は多いかもしれません。給料をカットされたらどうしよう、いきなり解雇なんてことになったら、新型コロナウイルスに感染したら……。

しかし、**その心配事、不安のどれもが、まだ、起きていないこと、現実にはなっていないことです。そう、実体がないことばかりなのです。そうであったら、考えても、悩んでも、仕方がない、もっといえば、考える必要も、悩む必要もない、ということ**

になりませんか。

どんな対応も、対処も、現実になってからしかできません。そして、**現実になったら、それは心配事でも、不安でもなく、「課題」なのです。**解雇が現実になったら、「心配だ」「不安だ」といっていても、なにも始まりません。

しかし、課題と捉えたら、動くことができます。仕事を探してあらゆる手を尽くすこともそうでしょうし、蓄えをきちんと検証して、当面の生活の仕方を練り直す、といったこともそうでしょう。動けば、必ず、課題の解決に向かいます。

心配事、不安には、鈍感であってください。そして、課題に対しては、すぐさま動きを始めてください。

お天道様が見ている

↓〝する〟ではなく、〝なる〟という発想

自分の人生について、あるいは、自分が生きている時代や世の中について、しばしば思うのはこんなことではないでしょうか。

「思い通りにならないなぁ」

そうなのです。**人はすべて思い通りに生きることなどできませんし、時代も、世の中も、思い通りに流れてはくれない**のです。より実感に近いところでいえば、**思い通りになることなどほとんどないのが人生であり、時代、世の中である**、といってもいいのではないでしょうか。

しかし、そんななかでも、なんとか思い通りにしようとする。それが人間の性というものかもしれません。思い通りにするために努力をするのはいいのです。それは精いっぱいするべきでしょう。

そのうえで、〝する〟ことに固執しないことが大切なのだと思います。あくまですることにこだわると、（することが）できなかった結果をうまく受け容れることができませんし、できなかった自分を責めたり、悔《く》やんだりすることにもなります。

一方、するための**努力をしたら、あとは（なんとか）〝なる〟**という発想でいたら、どうでしょうか。どんな結果であっても、それは、一応の決着がついたということです。つまり、なんとかなっているのです。

それを受け容れるのは難しいことではないでしょう。自分を責めることも、悔やむこともありませんね。こんな言葉があります。

「お天《てん》道《と》様《さま》が見ている」

いまはほとんど耳にすることがなくなりましたが、昔は日常的によく使われた言葉ですから、ある年代以上の人には懐かしい響きかもしれません。その意味は、誰も見ていないと思っていても、自分の言動は、必ず、（お天道様に）見られているものである、ということです。

そうであるから、真理（お天道様）に背《そむ》くようなことはするな、という戒《いまし》めの言葉ですが、努力をしたことだってお天道様は見ています。努力を傾けたことであったら、思いもよらない結果、とんでもない結果になることはないのです。受け容れることができる結果をちゃんとくださる。

なんとかなる、という発想はまさに禅の考え方です。一休さんについて、こんな逸話が伝わっています。

臨終が近いことを感じた一休さんが遺言状《ゆいごんじょう》をしたためます。そして、弟子たちにこう厳命するのです。

「この遺言状は、わしが死んでもすぐに開けてはならん。宗門の存亡にかかわる重大な事態に遭遇したときに、開けて読むようにせよ。たちどころに、解決の手立てがわかるであろう」

後年、存亡の危機に直面した際、宗門の重席にある僧たちが集まり、打開策を話し合います。しかし、とんと名案が浮かびません。そのとき、その座の一人が一休さんの遺言状のことを思い出し、もってきて開封します。

一同が固唾《かたず》をのみ、息をひそめて、読み上げられる遺言状の文言に耳を傾けます。書かれていたのは、次の一文でした。

「なるようになる。心配するな」

どんなものごとも、どのような事態も、思い通りにすることはできませんが、なるようにはなるのです。

そのなった結果を受け容れる覚悟さえあれば、なにも心配などいらない、というのが一休さんがいわんとしたことではないでしょうか。

一休さんの遺言、時空を超えて〝生きて〟います。

人生は瞬間瞬間の繰り返し
↓「いま」を生き切れば、それだけでいい

みなさんは「死」というものをどのようなイメージで捉えているでしょうか。おそらく、多くの人が次のように捉えているのだと思います。

「生が尽きて死がやってくる」

つまり、生と死は連続していて、生の延長線上に死があるというイメージですね。

しかし、禅の生と死の捉え方は違います。道元禅師は生と死について、「薪《たきぎ》」と「灰」を例にして、こうおっしゃっています。

「たき木（薪）、はひ（灰）となる。さらにかへりてたき木となるべきにあらず。し

かあるを、灰はのち、薪はさきと見取すべからず。しるべし、薪は薪の法位に住して、さきありのちあり。前後ありといへども、前後際断せり。灰は灰の法位にありて……」（『正法眼蔵』現成公案）

その大意は次のようなことです。

薪は燃えて灰になるが、元に戻って薪になることはない。そうであるからといって、灰は（薪の）後の姿、薪は（灰の）先の姿である、と見てはならない。薪はあくまで薪であり、薪としての後先、前後はあるが、その前後は断ち切られているのである。灰もまた、あくまで灰であって……（同じように前後は断ち切られている）。

見た目には薪が変化して灰になっていくように見えますが、薪は薪、灰は灰なのです。生死ということでいえば、生の行き着く先に死があるのではなく、生は生、死は死である、ということです。**両者はつながっていない。**

生にフォーカスしても、その前後は裁断されています。つまり、きのうの生ときょうの生はつながってはいないのです。さらにこまかく焦点をあてれば、いまこの瞬間と次の瞬間も断ち切られています。

今度は俯瞰《ふかん》してみましょう。人生という時間を俯瞰すると、それは、それぞれ断ち切られた瞬間瞬間が繰り返されたものであることがわかります。いちばん大事なのがここです。

生は常にその瞬間とともにあります。逆にいえば、その瞬間にしか生はないのです。そうであるとすれば、生を輝かせるには、充実させるには、瞬間をとことん一生懸命にやり抜くしかありません。そして、それを繰り返していくことで、人生は輝きます。充実したものになるのです。

禅はこういっています。

「生きているときは、生き切りなさい、死ぬときは、死に切ったらいい」

もう、説明するまでもありませんね。生き切るとは、どんな瞬間も全力でやり抜くことです。人にはそれしかできることはありませんし、それだけをしていたらいいのです。生き切ったら、もうすること、できることはありませんから、おまかせです。従容《しょうよう》として死を迎えるだけですね。死に際して、死に切るとは、そういうことだと思っています。

第5章——力を抜いて、無心に暮らす。

力を抜いても手は抜かない

↓人生はペース配分が重要

人生をフルスピードで駆け抜ける。それは、それで、すばらしい生き方だと思いますが、誰もができるわけではないでしょう。常に全力を出していたのでは、息切れしてしまうのがふつうの人間です。

ペース配分が必要です。人生はよくマラソンのレースにたとえられます。マラソンランナーはレースのなかでペースを上げたり、落としたりしながら、四二・一九五キロを走り切ります。人生も同じでしょう。

ときには力を抜く。たとえば、仕事でも張りつめたような緊張感をもち、最大限の意気込みで臨むことが必要なものもあるでしょうし、少し緊張感をゆるめ、気負わずに取り組むのがいいというものもあるはずです。

それまでに積み重ねた仕事の経験によってその判断をしながら、ペースにメリハリをつけるのです。

ただし、**力を抜くことと、手を抜くこと、気を抜くこととは違います。**ペースはゆるやかでも、そこでやるべきことはきちんとやっていく、というのが力を抜くということです。

一方、手を抜くというのは、やるべきことを十全にやらない、ということでしょう。

「(もう少しできることがあるのに)これはこの程度にやっておけばいいだろう」

「めんどうだから、そこまでやらないですませてしまおう」

これが「手を抜く」ことです。また、「気を抜く」のほうは、集中力を欠いたり、真剣さを忘れたりすることですね。力を抜いているときも、集中力をもって、真剣に取り組むという姿勢が変わることはないのです。

ペース配分では小休止も大事です。こんな禅語があります。

「七走一坐《しちそういちざ》」

文字どおり、七回走ったら、一回すわりなさい、ということです。休みなく走りつづけることを戒める言葉といってもいいでしょう。走っている（生きている）うちには、コースをそれることがあるかもしれませんし、オーバーペースになることがあるかもしれません。

適度に小休止を入れることで、自分のそれまでの走り（生き方）を振り返り、見直すことができます。

「ちょっと惰性《だせい》に流され気味になっているかもしれない。ここは、気を引き締め直さなければいけないぞ」

「このところ少し急ぎすぎている感じがする。なにごとにも、もっと、じっくり取り組んでいこう」

といった具合です。ときに立ち止まり、足元を見つめ直し、軌道修正しながら、あゆんでいくのが人生だと思います。焦らないでいいのです。**自分に合った、たしかなペースを見つけていきましょう。**

力を抜くと、心がしなやかになる

↓力まないから気づきがある

もう少し「休む」ということについて考えてみましょう。一日のなかにも小休止の時間をもつことが大切なのではないか、と思います。そのことに示唆をくださったのが、茶道裏千家の第一五代家元をつとめておられた千玄室大宗匠《せんげんしつだいそうしょう》です。

お茶会でごいっしょさせていただいた折、九〇代半ばにして矍鑠《かくしゃく》たる佇《たたず》まいを保たれている大宗匠に、健康の秘訣についてうかがったのです。そのときおっしゃったのが、昼食はいつも正午になったら必ずとること、そして、毎日、同じ時間に休憩をすることの二点でした。とりわけ、休憩の大切さを強調しておられたことが、いまも深く記憶に残っています。

休憩は身心の力を抜く時間といっていいでしょう。休むことによって、身体の力はもちろん、心の力も抜けるのです。力が抜けてリキみがなくなった心は、やわらかく、しなやかです。

「柔軟心《にゅうなんしん》」

この禅語がいっているのが、まさにその心であり、禅はその心でいることが、なにより大切であるとしています。

ここで琴《こと》の弦を思い浮かべてください。弦をめいっぱいまで張った琴では、いい音を奏《かな》でることができませんし、強く弾くとプツンと切れてしまいます。ゆとりをもって張られた弦であってはじめて、しなやかさが生まれ、美しい調べを奏でることができるのです。

これはそのまま心に置き換えることができると思います。心がもっともよく〝働く〟のは、リキみがどこにもなく、やわらかく、しなやかな状態のときなのです。力が入って、**リキんでいる心は、硬直化してゆとりがないため脆《もろ》く、大きな負担がかか**

ったりすると、ポキリと折れてしまうことにもなります。

心がよく働くとは、周囲の状況をあるがままに感じとれることであり、その状況のなかでさまざまなことに気づけることである、といっていいでしょう。ですから、世の中が変われば、いち早くその変化を感じとり、たしかな気づきを得て、的確に対応していくことができるのです。

コロナ禍のなかで仕事の状況が大きく変わりました。そこで迷ったり、戸惑ったり、立ち竦《すく》んでしまったりした、という人も少なくないかもしれません。そうした非常時にあって、次のステップに踏み出していくために不可欠なのが、力が抜けたしなやかな心です。

常に心をしなやかに保つうえで、とても有効なのが休憩（小休止）です。

生活のなかに、ぜひ、休憩を習慣として取り入れ、身心の力を抜くようにしましょう。

一日を整える

↓「普段」が人生の充実度を決める

　みなさんは、自分の「普段」の生活について考えてみたことがありますか。おそらく、あらためて考えたことなどない、という人がほとんどではないかと思います。そう、とくに考えるでもなく、無意識のうちに送っているのが「普段」なのです。しかし、その「普段」が人生で重要なカギを握っています。ここで、禅の修行時代の話をしましょう。

　修行道場の門をくぐったその瞬間から、生活は一変します。入門前の雲水（修行僧）は、一般の人と変わらない生活を送っています。食べたいときに、食べたいものを食べ、眠くなったら布団に入ってゆっくり眠り、疲れたらちょっと横にもなる……。

つまり、基本的にはすべて自分がやりたいように日々を過ごしているわけです。

修行生活に入ると、それがまったく許されなくなります。なにひとつやりたいようにはできなくなるのです。起床、就寝の時間は、当然、決まっていますし、起きている時間帯には坐禅をはじめとして、読経《どきょう》、作務《さむ》(日常的な作業)など、やらなければいけないことが、ビッシリと詰め込まれています。

修行生活にあるのは、それまでとはまったく違った「普段」です。

しかし、くる日もくる日も、それを繰り返して、三か月、六か月、一年……と経っていくと、今度は修行生活が「普段」になっていくのです。その生活を身体が覚えてしまう、といってもいいでしょう。禅僧としての立ち居ふるまい、暮らしぶりが身についていくわけです。

禅僧として生きていくうえで、禅僧としての人生を送るうえで、土台となるのが、修行時代に身についたその新たな「普段」です。

さて、みなさんはどんな「普段」を送っているでしょう。それは、人生を充実させて生きる土台となる「普段」ですか。意義ある人生を送る土台となる「普段」といえるものでしょうか。

たとえば、朝起きる時間もマチマチ、仕事にもなかなか気が乗らず、食事もしたり、しなかったり、夜になったら深酒、夜更《よふ》かしをする、といった生活が「普段」だとしたら、到底、土台にはならないと思うのです。

もちろん、ここまで〝自堕落〟な「普段」を送っている人は、そうそういないはずですが、なにかを疎《おろそ》かにしたり、どこかがいい加減になっていたり、ということはあるかもしれませんね。

一度、じっくり「普段」を見つめてください。そして、改善点を炙《あぶ》り出しましょう。

「朝寝坊をして、朝食を抜いてしまうことがけっこうある」

「週に二、三回は寝るのが午前〇時過ぎになっている」

「どうもお酒を飲み過ぎる傾向がある」

「リモートワークになってから、午前中は仕事をしないことが多くなった」

改善点が見つかったら、一つひとつあらためていけばいいのです。あらため方には

〝極意〟があります。**禅の修行がそうであるように、そのことを〝繰り返す〟というのがそれです。**

朝は七時に起きることを繰り返す、朝食を必ずとることを繰り返す、夜は午前○時前に寝ることを繰り返す、お酒は控えめにすることを繰り返す、午前九時から仕事に着手することを繰り返す……。

「習うより、慣れよ」の諺《ことわざ》もあるように、**身につけるには、それを「普段」にするには、繰り返す以外に方法はない**のです。

さあ、いい人生の、充実した人生の土台となる「普段」づくりに、早急に着手してください。

草とりをしよう

↓単純作業で無心になる

新型コロナウイルスが蔓延して以降、わたし自身の生活にも変化がありました。それ以前は午前四時半に起床し、寺の門や部屋の窓を開けるなど、毎朝の決まりごとを終えた後、五時五〇分から和尚たちと朝課、すなわち、朝のお勤めをしていました。

コロナ禍以降はその朝課の開始時間を七時四五分からにしたのです。和尚たちが少しでも睡眠時間を多くとることで、免疫力が高まればいいと考えたためです。

時間を遅らせたことで、わたしには少し時間ができましたので、毎朝、境内《けいだい》の掃除をした後に草とりを始めました。これがなかなか楽しいのです。

緑を感じながら草とりをしていると、小さな花が芽吹《めぶ》いているのに気づいたりする。紫陽花《あじさい》の時期にはその開花していくさまがわかりますし、ときの移ろいを肌で感じることができるのです。

草とりをしているときは無心になっているからでしょうか。五感が研《と》ぎ澄《す》まされて、鳥のさえずりや新緑《しんりょく》を通り抜ける風の音、においなどが感じられ、その時間がとても心地よいのです。坐禅をしているときに似た感覚です。

無心については前にもお話ししました（65ページ参照）が、草とりという、そのときやるべきことを、ただ、ひたすらやっている心の状態がそれです。禅ではそれを**「（草とりと）ひとつになる」**といいます。

別のいい方をすれば、心になにもとどまっているものがなく、空っぽになっている状態といっていいかもしれません。空っぽであるから、いろいろなものが入ってくる。いまいった鳥のさえずりや風の音なども入ってくる（感じられる）わけです。

なにかとどまっているもの（たとえば、心配事）があったら、それらを感じることはできないでしょう。

草とりはある意味で「単純作業」です。それがポイントといえそうです。**単純作業を、ただ、ひたすらやる。それが無心に導いてくれる、**といっていいのではないかと思います。

草とりができる住環境であれば、それをするのがおすすめですが、その環境になくても、誰もが取り組める単純作業はいくらでもあります。たとえば、掃除もそうでしょう。キッチンの床を、ただ、ひたすら、拭く。リビングに、ただ、ひたすら、掃除機をかける……。

ちなみに、マインドフルネスの世界でも単純作業をすすめています。禅僧でもあり、精神科医としてマインドフルネスによる治療にも携わっている川野泰周《かわのたいしゅう》さんは、キャベツの千切りに集中する（ただ、ひたすら、やる）ことで無になれる、という意味のことをいっています。

心を空っぽにして、心地よい時間をもつ。コロナ禍という心配事が払拭《ふっしょく》されそうもないこの時期には、そのことがとくに大事なのではないでしょうか。なにか自分に合った単純作業を見つけませんか。

人は二度死ぬ

↓次世代に語り継がれる生き方をする

仏教には死に関してこんないい方があります。

「人は二度死ぬ」

一度目の死はもちろん、命が尽きることによる物理的な死です。これは誰もが避けようがありません。では、二度目の死とはなんでしょう。遺族や近親者、友人、知人など親しかった人たちの心のなかから、その人の存在が忘れ去られてしまうこと。それが二度目の死です。

こちらは、それを迎える人とそうでない人がいます。たとえば、お釈迦様についていえば、その教えである仏教はこれまでもずっと受け継がれてきましたし、これからも受け継がれつづけていくでしょう。そうであるかぎり、お釈迦様が忘れ去られることはありません。お釈迦様が二度目の死を迎えることはないのです。

イエス・キリストやムハンマド（イスラム教の創唱者）についても同じですし、歴史に名を残している人びともそうだといっていいでしょう。

泉下《せんか》の客となった人に尋ねることはかないませんが、その思いを想像してみれば、「二度目の死を迎えるのはいかにも寂しい」というのが共通するところなのではないでしょうか。

子ども世代、孫世代、さらにはその後の世代の心のなかで、生きつづけられるかどうかは、やはり、その人の生き方、生きざまにかかっているのだと思います。**生き方、生きざまのなかに、語り継がれていくような、あるいは、語り継がずにはいられなくなるような〝なにか〟を残す。**

大きなことでなくていいのです。近くにいる人の胸にいつのまにかしみ入っている〝なにか〟。そういうものがいいじゃないですか。たとえば、誠実さ。どんなときも、誠実にものごとにも、人にも向き合う。そんな生き方を貫《つらぬ》いたら、その誠実さは、必ず、近しい人たちに伝わりますし、故人になった後も、語り継がれることになるでしょう。故人の子ども世代は、孫世代に、

「きみたちのお祖父ちゃんは、とにかく誠実に生きた人だったよ。その後ろ姿を見てこられたのが、子どもとして幸せだったし、誇らしくもあったなぁ」

折に触れてそんな話をするでしょう。そこから誠実であることの大切さを深く胸に刻んだ孫世代は、さらに後の世代に誠実に生きた故人のことを伝えていくことになるはずです。

「誰に対してもやさしい人だった」

「いつもユーモアを忘れない人で、いるだけでその場の空気が和《なご》んだ」

「こまやかな気配りができる人だった」

残すもの、伝えていくものはなんでもいいですね。一度、残したいもの、伝えていきたいものを考えてみるのもいいのではないでしょうか。それまでの生き方のなかに、「これだ」というものがなかったら、**いまから〝なにか〟を探したらいい。**

コロナ禍は誰もが生き方を見直す契機となっています。探した〝なにか〟を後ろ姿で伝えていく生き方をするのに、遅すぎるということなどありません。これから〝伝える〟ということを、自分のひとつの明確な課題として、生きていったらいいではありませんか。

「相続」という言葉は、いまは財産や不動産などかたちのあるものを、遺族などが受け継ぐという意味で使われています。しかし、この言葉はもともと仏教語で、弟子が仏法（かたちのないもの）を受け継ぐことを意味するものでした。

生き方で伝える〝なにか〟。すばらしい相続です。

良寛さんの「形見」に学ぶ

↓逆境を軽々と生きる〝極意〟

良寛さんの歌に次のものがあります。

「形見とて　何かのこさむ　春は花　夏（山）ほととぎす　秋はもみぢ葉」

良寛さんに、なにか形見《かたみ》の品をいただきたい、と乞《こ》うた女性に贈ったものとされる一首です。形見になにを残したものだろう。（そうそう）春は花、夏はほととぎす、秋はもみじの葉があるではないか（形見といえばそれだろうか）。これが歌そのものの意味でしょう。

春になれば桜の花が開き、夏にはほととぎすが鳴く。秋になったらもみじの葉が色づく。季節の移ろい、大自然の営《いとな》みですが、そこには真理がまるごとあらわれています。その真理とともに、その真理を感じ、また、それを楽しみながら、生きなさい。形見として残すものがあるとすれば、そのことであるよ、というのが良寛さんがこの歌に込めた思いなのでしょう。

真理とは時空を貫いて変わらないもののことです。くっきりと色分けされた四季がある日本では、時代や場所を選ばず、あたたかい風が吹き、それを孕《はら》んで花が咲かない春はありませんし、ほととぎすの鳴き声が聞こえない夏もありません。木の葉が色づかない秋も、また、ないのです。

この歌には冬が詠《よ》み込まれていませんが、道元禅師は冬をこう詠んでいます。

「冬雪さえて冷《すず》しかりけり」

この歌を借りれば、真っ白な雪原に身が引き締まるような空気が満ちない冬もないわけです。

どこにいようと、なにが起ころうと、四季は、必ず、めぐります。

一方、世の中は絶えず変化していますし、人が身を置く状況もさまざまに変わります。コロナ禍を例にとれば、世の中は騒然とし、人は右往左往している状況である、といえるのではないでしょうか。

そのなかで経済的に困窮《こんきゅう》し、やりきれない思い、やり場のない怒りを抱えている、という人もいるでしょう。思うのは、生きる厳しさ、つらさばかり、ということになっているかもしれません。

そんなときにこそ、真理に目を向けること、真理に触れることが、大切なのではないかと思うのです。厳しい、つらい状況にいる自分だが、それでも変わることなく、ちゃんとこうして、「春（夏、秋、冬）がやってきたのだなぁ」と感じていく。

それが難しいことであるのは、重々承知したうえでいっています。たとえ、一瞬でも、春風に揺れる花を、ほととぎすや蝉《せみ》の声を、色づいていくもみじ葉を、降り積む雪の風情《ふぜい》を、身心いっぱいに受けとめ、それと一体になる。

そのことが、心を少し軽くしてくれるはず。がんばる元気を吹き込んでくれるはずです。

祈りで心の安寧を得る

↓心の鎧を外して、大いなる力に委ねよう

苦しいとき、困ったときに神仏に祈る。洋の東西を問わず、古くからおこなわれてきた〝儀式〟です。コロナ禍の影響で二〇二一年はずいぶん様相が違いましたが、日本では年のはじめに神社仏閣にお参《まい》りして、思い思いの祈願をする初詣《はつもうで》が伝統行事になっています。こちらは目標や夢をかなえるための祈りでしょうか。

さて、その祈るということですが、そこには少し誤解があるのではないかと思います。初詣などで、「なにを祈りましたか？」という質問をされると、たいがい次のような答えが返ってきます。

「今年こそ結婚できますように（と祈りました）」
「仕事で飛躍できる年になるように……」
「この一年、健康でいられるように……」

ほかにも、病気快癒祈願、合格祈願、金運祈願……などなど祈る対象はそれぞれだと思いますが、いずれにしても、自分がこうなりたい、自分がこうしたい、ということですから、〝自分のため〟に祈っているわけです。

じつはこれが誤解なのです。**本来の祈りは、世の中のため、人のために、なされるべきものだからです。**こんな世の中になって欲しい、大切な人がこうあって欲しい……と願い、手を合わせる（柏手を打つ）。コロナ禍のなかでなら、自分が感染しないことではなく、家族が、恋人が、友人が、感染しないことを祈り、世の中のコロナ禍が終息することを祈るのが、本来の姿といえます。

祈るときは、心にまとっている鎧《よろい》を外し、まっさらな心にならなければいけません。社会的な地位や肩書き、立場といったものも鎧ですし、〝自分のため〟という自我も鎧といっていいでしょう。短い禅語があります。

「露《ろ》」

どこにも隠すところがなく、すべてがあらわになっている、という意味です。鎧を全部外した「素」の自分がこの露の状態です。

大きなお寺などには、本堂に行くまでに門が三つ設けられています。お参りをする人は、門をひとつくぐるごとに鎧を外していき、三つめの門をくぐったときには、素の自分、まっさらな心の自分になるのです。本堂まで時間をかけて歩くことで、祈るための心の態勢が整うわけです。

祈ることのいちばん大きな意味は、人知を超えた大いなる力に、自分の思いを委《ゆだ》ねることにあるといっていいでしょう。思いがかなうかかなわないかは、問題ではないのです。

大いなる力があることを信じ、あるいは、感じて、その力に委ね切る。そこに心の安寧《あんねい》があります。自分の力だけで思いを実現しようとしても、おのずから限界があります。限界を感じるから、心が塞《ふさ》いだり、騒いだりするのです。**委ね切ってしまったら、心は安らかでいられます。**

本文デザイン／大久保学
編集協力／岩下賢作
構成／コアワークス（吉村貴、水沼昌子）

心《こころ》がスッと軽《かる》くなる禅《ぜん》の暮《く》らし方《かた》
心配事《しんぱいごと》を「力《ちから》」に変《か》える

2021年 4 月30日　初版1刷発行

著者 ———— 枡野俊明《ますのしゅんみょう》

装幀 ———— 橋本千鶴
発行者 ———— 田邉浩司
組版 ———— 堀内印刷
印刷所 ———— 堀内印刷
製本所 ———— 国宝社
発行所 ———— 株式会社光文社
〒112-8011　東京都文京区音羽1-16-6
電話 ———— 新書編集部 03-5395-8289
書籍販売部 03-5395-8116
業務部 03-5395-8125

落丁本・乱丁本は業務部へご連絡くだされば、お取り替えいたします。

ISBN978-4-334-95237-2 Printed in Japan